Viaje a Rodrigues

J. M. G. Le Clézio
Viaje a Rodrigues

Traducción de Manuel Serrat Crespo

 La otra orilla

www.librerianorma.com
Bogotá Barcelona Buenos Aires Caracas
Guatemala Lima México Panamá Quito San José
San Juan San Salvador Santiago de Chile Santo Domingo

© 1986, 2008, Éditions Gallimard
Título original: *Voyage à Rodrigues*
© 2008, de la presente edición en castellano para todo el mundo
Editorial Norma S.A. para *La otra orilla*
Primera edición: diciembre de 2008

© Por la traducción, Manuel Serrat Crespo

Imágen de cubierta: Jupiter Images
Cubierta: Patricia Martínez L.

Impreso por:Banco de Ideas Publicitarias
Impreso en Colombia - Printed in Colombia
Noviembre de 2008

CC 26000070
ISBN: 978-958-45-1667-1

Nota del traductor

En la traducción de *El buscador de oro* y de *Viaje a Rodrigues* he tenido que enfrentarme con los abundantísimos topónimos de evocadora sonoridad, así como con denominaciones autóctonas de la flora y fauna de las Mascareñas.

Al tener que adoptar un criterio decidí traducir los nombres geográficos que, a mi entender, daban un particular carácter —una determinada «visualización», incluso— al párrafo de que se tratara, dejando en francés los demás. Es —lo sé— una decisión discutible, pero me ha parecido la más adecuada para conservar —en lo posible— el clima de la narración (obligada referencia, claro, a la traducción y la traición).

Por lo que se refiere a las denominaciones de animales y plantas, cuando ha sido posible he buscado su correspondiente en castellano, cuando no lo ha sido, sencillamente, he castellanizado el término.

Viaje a Rodrigues

Camino a lo largo del valle del río Roseaux; las montañas están ahora muy próximas, las laderas de las colinas van acercándose unas a otras. El paisaje es de una pureza extraordinaria, mineral, metálico, con los escasos árboles, de un verde profundo, erguidos sobre sus manchas de sombra, y los arbustos de hojas punzantes, palmeras enanas, áloes, cactus, de un verde más vivo, llenos de fuerza y de luz.

Las nubes pasan a ras de colinas, ligeras, muy blancas en el cielo puro.

Ya no hay agua en el riachuelo. Busco con la mirada la Cima del Comendador, creo reconocerla, allí abajo, donde el valle se convierte en garganta. ¿Pero dónde está la quebrada sin salida y el manantial seco? Con el mapa en la mano, a la sombra de un mirobálano, intento averiguar dónde estoy. Sin duda me he alejado demasiado. Hace un rato, en el sendero que flanquea el río Roseaux, me ha adelantado una muchacha, catorce años apenas, esbelta y ágil como las cabrillas que viven en las colinas. Le he hecho unas preguntas, ella me ha escuchado con aire intimidado, temeroso tal vez. Rostro cobrizo y dulce, ojos de ágata. Quebrada, manantial, no entiende estas palabras. En *créole** le pregunto por la fuente. Me muestra la parte alta del valle, allí donde el riachuelo seco se pierde en las escarpaduras de la montaña Roseaux. Luego se ha marchado muy deprisa, desapareciendo por entre la maleza. Algunos instantes más tarde, sentado todavía a la sombra del árbol, la he visto contra el blanco de la montaña, al extremo del valle. ¿Qué ha pensado? Tal vez, con mi mochila, mi cámara fotográfica y mis mapas en la mano, me ha tomado por alguien que hace prospecciones.

Me gusta este paisaje ocre y negro, esta hierba dura, estas piedras de lava arrojadas como para trazar un mensaje más allá de los tiempos. Comprendo que mi abuelo haya sentido esa inquietud, esa interrogación. Cada recoveco, cada pared rocosa, cada accidente del relieve parecen tener un sentido secreto. Hay signos, las piedras están marcadas.

Son los cerdos y los chotos quienes habitan, realmente, este país. Los caminos, las paredes, los escondrijos son para ellos. Las casas de los hombres, aferradas a las laderas, diseminadas por el fondo de la Ensenada de los Ingleses, entre los cocoteros, parecen nidos de avispa alfarera. Hay también algunas libélulas, y esas minúsculas moscas negras que irritan ojos y orejas.

Y el viento que pasa, que barre, frío, llegado de ultramar, oleadas de viento en las hierbas y las piedras, silencio, fugitivo frescor del océano. Persecución de las nubes.

---

* Dialecto de Mauricio, la Reunión, las Antillas, Guadalupe, etcétera. Es un sistema lingüístico nacido del contacto de las lenguas europeas con las indígenas. Podría traducirse por «criollo» pero he preferido respetar la denominación francesa para evitar las connotaciones de la palabra castellana. *(N. del t.)*

Cuando vuelvo sobre mis pasos, lo veo de pronto. He tenido que trepar hasta la cima de la colina del este. Ante mí, dominando el río seco, está la punta volcánica que sirvió de hito en la búsqueda de mi abuelo. La llamó *Atalaya del Comendador*. La Cima del Comendador está a mi espalda, al sudoeste. Sé ahora que la quebrada y el manantial están muy cerca. Tomo como referencia una casa con techo de chapa, en el estuario de la Ensenada de los Ingleses, y vuelvo a bajar. Cuando llego al nivel de la casa, subo de nuevo la pendiente de las colinas, por la vertiente este. Ante mí, de pronto, al otro lado de un vallecillo agostado, veo la piedra desde la que se distingue la atalaya tal como mi abuelo la dibujó en 1910: tres picos, los dos primeros de los cuales forman las patas de una M mayúscula. ¿Ha sido la erosión o es el resultado de una tormenta? Me parece que los dientes de la roca están despuntados. Falta un saliente, a la derecha, del lado del mar.

Vuelvo a bajar y, ahora, reconozco la quebrada como si ya hubiera venido antes: es una especie de corredor en la roca, que termina en la abrupta muralla de la colina. Rodeo el precipicio y llego al fondo de la quebrada. No cabe duda, es aquí. Hay tres grandes árboles, tamarindos. A su sombra, miro la quebrada, la piedra ocre, rojiza, tan reseca por el sol que se desmenuza como arena. A derecha y a izquierda veo las huellas de golpes dejadas por mi abuelo. Dos cicatrices al fondo de la quebrada que el tiempo no ha borrado todavía: la tierra es más clara, las rocas son más duras.

Sol de fuego, calor, molestos mosquitos. Pero la sombra del viejo tamarindo es muy agradable.

No lejos, al pie del farallón, una choza, un corral, cabras, cerdos. Se oye a alguien que silba a pleno pulmón, alegre, infatigablemente.

Las noches, tan largas, tan hermosas, puras, sin insectos, sin rocío, con sólo el rumor del viento que llega en largas ráfagas y hace murmurar las hojas agudas de los vacoas.

Las noches profundas, infinitas. También él tuvo que amarlas cuando caían de golpe sobre la isla, ensombreciendo el mar, después de que el disco solar se hubiera zambullido al otro lado de las colinas, por el oeste. Qué profundas eran aquí, qué duras también, si se comparaban a la dulzura algo melancólica de los ocasos en Rose Hill. Aquí, ni un cendal de nubes, ni dudosas brumas, ni olores que se difuminan: la mar pálida y dura, el cielo que se enciende brevemente, en un rojo de brasa, y el disco de oro que se anonada tras el horizonte de las montañas, en el mar, como un barco que se hunde. Luego, la noche que lo aniquila todo, la noche como en mar abierto. Entonces, las miríadas de estrellas, fijas, claras, y la pálida nube de la Vía Láctea. La luna, por fin, que se levanta tarde por encima de las colinas y sube, blanca, deslumbradora.

El viento, con ráfagas tan potentes que podrían derribarme. El viento como en mar abierto. A ras de las colinas corren las nubes.

En pocos minutos, el cielo se deshace, se cubre.

La tormenta se arroja sobre mí. De pronto, ahí está la lluvia, gris cortina que vela el azul del mar. Un instante después estalla el sol.

El viento, el viento, siempre el viento. Eso era lo que mi abuelo admiraba de Rodrigues: alisios, monzón, el viento no cesa jamás. Imagino las grandes velas de los clíperes de su época, deslumbrantes de blancura contra el oscuro azul del océano Índico.

Hay algo de fascinante aquí, en el color negro del basalto, en el amarillo de la hierba seca. Los troncos, llenos de una fuerza salvaje, casi animal, las hojas como sables. Rocas fantásticas, gastadas ya, esculpidas. Durante horas busco la marca del arganeo, esculpida a cincel en la piedra, que mi abuelo indica en sus planos, al oeste del río Roseaux, justo encima de la Atalaya del Comendador. Luego advierto que todas las rocas, o casi todas, están marcadas con una V o una W o un Δ, pues así es como se fractura el basalto.

Sin embargo, una de ellas tal vez... ¿Pero por qué hay, a cada lado del valle y a la misma altura, esos bloques de roca negra, cortados en farallón, semejantes a dos bastiones simétricos? Son intrigantes, inquietantes incluso, como si fueran montantes de una puerta gigantesca.

Por todas partes esos muros de piedra en seco. Sobre las colinas forman corrales, dividen campos, dibujan incomprensibles fronteras. Trazan inútiles caminos que se pierden en los matorrales. En las laderas, forman extrañas plazas, tribunas, balcones, fortificaciones enanas donde crecen vacoas, áloes y espinos. ¿Quién ha podido construirlos y por qué? Tal vez se trate de improvisados refugios hechos por marinos que huían de la tormenta, o plataformas construidas por los bucaneros. Imagino también a algún náufrago sembrando, ahí arriba, sus legumbres y sus gramíneas, aguardando el paso de algún navío que le arranque de la isla.

Cuando pregunto a Fritz Castel el nombre de la eminencia que domina el estuario de la ensenada, lo que mi abuelo llama la Atalaya del Comendador, me dice: «Ciudadela». Y, en efecto, a eso se parecen estas construcciones. En la cumbre, junto a aguzadas rocas, encuentro las ruinas de una torre de piedra en seco de la que sólo subsiste un muro circular de un pie de altura.

Comprendo ahora lo que ha cambiado desde que mi abuelo hizo el dibujo: la torre ha sido destruida. ¿Por quién, por qué? ¿Huracán, viento, erosión, o tal vez, más bien, los manafs del vecindario que buscaban algo con qué construir sus casas?

País solamente para el viento. Hombres, vegetales aferrados a las áridas pendientes, en los huecos de las piedras basálticas. Hay aquí, en Rodrigues, una marginación del tiempo que asusta y tienta a la vez, y me parece que es el único lugar del mundo en donde puedo pensar en mi abuelo como en alguien vivo.

Visibles todavía, como si dataran de la víspera, los golpes de pico que dio en la pared de la quebrada, al fondo, allí donde queda cerrada, a derecha y a izquierda. Visibles los esfuerzos que hizo para desplazar los bloques de lava que cerraban la entrada de la quebrada y que, para él, eran la prueba tangible del ingenio del *Privateer*.

Este escondrijo —escribe en su diario— es de una ingeniosa sencillez que reduce a la nada la legendaria y absurda complicación de las albañilerías y los trabajos de hormigón. La naturaleza lo proporcionaba todo, encargándose además de montar ella misma guardia junto al tesoro que se le confiaba... El callejón sin salida en cuestión tiene, en efecto, al final, la forma de un pozo en el que cae, como una cascada, durante las grandes lluvias, un intermitente curso de agua que procede de la montaña. Su parte anterior, en chaflán por donde las aguas fluyen hacia el lecho de la quebrada, estaba cerrado en su base por algunos bloques de roca. Los guijarros que el agua acarreaba se acumulaban, naturalmente, en el espacio así circunscrito aumentando gradualmente la capa de restos que protegía el depósito.

Todo está allí inmóvil desde hace muchos años, inmóvil para toda la eternidad, al parecer, como si las piedras negras y los matorrales, los vacoas, los áloes, todo estuviera colocado allí para siempre. La joven mauriciana decía, tras haber distinguido el caos volcánico de la bahía malgache: «Esto parece la luna». Hay, en este conjunto de piedra negra, de mar y viento, algo de la eternidad del espacio.

De modo que los gestos, los esfuerzos, la propia mirada de mi abuelo están todavía presentes aquí, inscritos en estos lugares. ¿Qué son setenta años en semejante paisaje? Un breve instante que sólo ha cambiado las construcciones de los hombres, como la choza de palma que mi abuelo compartía con Arnold Roustier y que el viento huracanado debió de llevarse hace mucho tiempo ya.

Camino tras sus huellas, veo lo que vio. En ciertos momentos me parece que está aquí, junto a mí, que voy a encontrarle sentado a la sombra de un tamarindo, cerca de su quebrada, con sus planos en la mano e interrogando al hermético caos de piedras. Sin duda es esta presencia la que me produce la impresión de algo ya visto. A veces, mi mirada se fija en un detalle, la boca de una gruta, a lo lejos, o una roca extraña, un color distinto en la tierra, junto al lecho del río. Eso hace que algo imperceptible se mueva en el fondo de mí mismo, en los límites de la memoria. ¿Lo he visto ya? ¿Lo he sabido? ¿Lo he soñado?

No puedo creer que mi abuelo no lo haya sentido también, encontrando entonces en esos instantes fulgurantes la mirada del hombre que le había precedido por estos lugares, el *Privateer*, el ave de presa del mar, que había recorrido el valle de la Ensenada de los Ingleses buscando cuidadosamente el perfecto escondrijo para su tesoro. ¿Quién era el *Privateer*?, ¿cuál era su nombre? ¿England, tal vez, y habría dado así su nombre a la bahía?, ¿o Misson, el místico que había fundado la república de Libertalia, Estado ideal sin clases y sin distinción de razas al que él contribuía con sus botines conseguidos por el mar de las Indias?, ¿o quizás Olivier Le Vasseur, llamado el Buaro, que antes de ser colgado en La Reunión lanzó a la muchedumbre, como última venganza, el plano del escondrijo de su tesoro? ¡Pero qué importa su nombre! Mi abuelo se sigue encontrando aquí, unido a él por el paisaje, por la misma búsqueda sin salida, fantasmas semejantes a insectos que recorren sin fatigarse el caos de piedras de este valle.

Me gustan los nombres que le dio y que son como máscaras de leyenda: el *Priváteer*, o *nuestro corsario*.

En las laderas de la colina del este, fatigado por el sol y por el viento, me siento a la sombra de un mirobálano gigante, a pocos metros de una granja. Unos tras otros, como si brotaran de la tierra, los niños se acercan. Se envalentonan hasta sentarse en las raíces del árbol. Me examinan. Amy, junto a mí, les tranquiliza. Voy con un niño, por lo tanto no soy peligroso. Una chiquilla de ocho o nueve años, muy delgada, con un escultural rostro de negra pero cuya piel es del cobrizo color de los mestizos, está sentada justo a nuestra espalda, sobre una raíz que sobresale. Me dirijo primero a ella, sin mirarla demasiado, como se alarga la mano a las ardillas sin demostrar que nos ocupamos de ellas.

Le hago algunas preguntas sobre la gente de aquí, sobre las casas. ¿De quién es esa choza? ¿Y el campo? Anicet Perrine. Roussette. ¿Y la familia Prosper? ¿Y los Legros, a quienes mi abuelo había comprado su concesión, en la entrada de la ensenada, para poder llevar a cabo su búsqueda? La chiquilla no conoce estos nombres. ¿Hay un manantial por aquí? Rectifico en *créole*: ¿una fuente? Más arriba, sí. ¿Se transforma en torrente la quebrada cuando llega la estación de los huracanes? Dice que sí. Ahora ya no tiene miedo, se acerca, examina mi cámara fotográfica. Los demás niños se le unen. Chupan semillas de tamarindo que extraen de la larga vaina dorada. La chiquilla dice que se llama Sheila, y su madre es una Perrine. Lo dice con cierta vanidad, los Perrine son gente acomodada. Aquellos cocoteros, ahí abajo, son suyos, y su choza es mayor que las demás, está mejor cuidada, la chapa del techo es nueva y brilla al sol. Sheila habla bien el francés, casi sin acento. Sus ojos son luminosos, su rostro es serio para su edad. Perrine es el nombre del hombre que compró, tras su muerte, la concesión de mi abuelo.

Allí donde mi abuelo vivió, buscó, entre 1902 y 1930, en las terrazas aluviales del río, a veces solo, a veces con un equipo, allí donde cavó todos sus agujeros, donde trazó sus líneas geométricas, se levanta hoy un pueblo, cincuenta granjas diseminadas a lo largo de una mala carretera de grava, a uno y a otro lado de un puente que pasa sobre uno de los brazos del río. A su alrededor hay plantaciones de cocoteros, campos de maíz y tomate, papayas, mangos, guayabos. El fondo del valle se ha convertido en un oasis fértil entre colinas de lava y matorrales. Todas estas riquezas naturales, esta vida aldeana, tras tantos años de esfuerzos y soledad para descubrir un tesoro quimérico hacen pensar en la fábula del campesino y sus hijos...

Buscando el segundo signo del arganeo (he encontrado fácilmente el primero en la colina del oeste, en el lugar indicado en el plano de mi abuelo) voy de piedra en piedra. Los bloques de basalto tienen formas extrañas, manchas, marcas de liquen, cicatrices. Me gustan estas piedras de fuego, gastadas por tantos siglos de viento, de lluvia y de luz. Me parece que cargan con el peso de los tiempos, que devuelven su fuerza cuando se las toca: suaves, pulidas, cálidas de sol, de un negro mate, a veces de un blanco resplandeciente o rojas de orín. La quebrada es ocre y aleonada, de lejos parece una herida. Por encima, las desnudas colinas por donde serpentean las murallas de piedra y, al fondo del valle del río Roseaux, las cumbres lejanas, enigmáticas: la Cima del Comendador, como la llamó mi abuelo.

Son sólo algunos arpendes, un simple hueco en la tierra, una ranura en las rocas volcánicas, en ese otro roquedal que se llama Rodrigues. Pero es un lugar lleno de sentido y de poder, como si el calor y la luz, a lo largo del tiempo, hubieran espesado las cosas y hubieran dado a las plantas y a los hombres que aquí sobreviven una pizca de la fuerza de la lava.

En el punto señalado con una *m* en el mapa —escribe mi abuelo en su diario—, que es el centro de la línea E-O, hice entrar una piedra cuya redondeada parte superior, que emerge del suelo, tiene una ligera hendidura hecha a cincel exactamente en la línea E-O.

En vano he buscado esta piedra que tallaron las manos de mi abuelo. El tiempo ha borrado ese hito, como otros muchos. Ahora, el fondo del valle, junto al lecho del río Roseaux, donde forzosamente debe hallarse esta piedra, está ocupado por las granjas. La granja Perrine, tal vez, pues se encuentra justamente en el centro del valle: una gran choza de madera, con techumbre de chapa, y un vasto recinto plantado con árboles frutales, papayas, mangos, tamarindos y una hermosa hilera de cocoteros y penachos de palmeras. Imposible, claro, encontrar aquí la piedra. Tal vez sea una de las cosas que más lamento, esta prueba tangible del paso de mi abuelo y ese símbolo que le unía, más estrechamente aún, al dibujo del desconocido corsario.

En cambio, en la colina oeste he encontrado casi en seguida la marca del arganeo tal como mi abuelo la había descrito: «Es decir, presentando la forma de un triedro invertido cuya sección representa un triángulo equilátero que, antiguamente, era la forma habitual del arganeo ▽». La piedra basáltica es negra y la fractura no aparece clara. Pero en los días siguientes, a la estremecida luz del crepúsculo, la distingo perfectamente, grabada con la claridad que sólo puede producir una mano provista de cincel. La marca, la primera vez que la vi, me pareció curiosamente orientada hacia el mar. Pero es una ilusión de los sentidos. Cuando llego a la otra vertiente del valle, en los flancos de la colina este, distingo, erguido ante mí, el lado rocoso donde encontré el primer arganeo.

Hay algo de duro en este país, de duro y de hermético. No puedo evitar pensar en el fracaso de mi abuelo. Aquel tesoro que buscó aquí durante más de treinta años y que ocupó sus pensamientos hasta la muerte, aquel tesoro en el que había depositado todas sus esperanzas, todos sus sueños, que debía permitirle comprar de nuevo la mansión familiar y pagar sus deudas, aquel espejismo, aquella quimera se le escaparon, se le negaron. El oro permaneció fuera de su alcance, próximo e inaccesible a la vez, semejante a un brillo de luna o al reflejo de un objeto perdido en el fondo de un lago.

Paisaje de negación, paisaje altivo e impenetrable, misterio contra el que se rompió el orgullo de un hombre. Las casas de los granjeros rodrigueños suavizaron un poco la amargura de aquella derrota: las cabras, las vacas, los cerdos, las plantaciones y las hileras de cocoteros, y esa chiquillería que corre por todas partes han hecho habitable el desierto, le han dado un rostro casi sonriente. Sin embargo, la gente que aquí vive está hecha a imagen del lugar: impasible, impenetrable, viviendo junto a un misterio que ignora, y cada uno de sus gestos parece continuar el plan del destino para mejor enmarañar la pista, como si, a su pesar, se hubiera ido convirtiendo, igual que los negros roquedales y los vacoas, en guardiana del tesoro del *Privateer*.

Isla brotada del mar que lleva sobre sí la historia de las primeras eras: bloques de lava arrojados, rotos, ríos de arena negra, polvo al que se agarran las raíces de los vacoas como tentáculos. ¿Cómo puede no haber un secreto? Y ese tesoro que mi abuelo buscó durante tanto tiempo, que obsesionó sus días y sus noches y le excluyó de su mundo, ¿no sería, acaso, ese silencio, esa dureza mineral, esa belleza del alba de la creación suspendida en el fondo de este valle?

Todavía hoy, pese a las transformaciones, pese a estar poblada por los hombres, las chozas y los corrales, lo encuentro de vez en cuando tan fuerte, tan auténtico que olvido por qué estoy aquí. El cielo gris, empujado por el viento, huye a ras de colinas mientras brillan las piedras negras mojadas por el aguacero, osamentas, restos, losas sepulcrales, estelas, marcas del calendario. Luego, un instante después, por un desgarrón, la luz intensa del sol tropical, que hace brillar cada detalle, penetra el paisaje y hace estallar sus colores, marrón, ocre, rojo, malva, verde. Y el mar, a lo lejos, en la abertura de la ensenada, de un azul intenso y profundo, y la espuma blanca de la barrera de coral.

Siento eso, lo olvido todo. ¿Por qué él, que estaba solo en este áspero desierto, no iba a olvidar con frecuencia la razón que le había llevado allí? Entonces ya no buscaba nada, ya no quería nada. Sencillamente estaba ahí, cerca del suelo, cerca de las piedras negras, abrasado por el sol y rodeado por el viento, confundido, capturado por la belleza de la existencia.

Eso es, creo, lo que más me conmueve de esta aventura, por eso he venido hasta aquí para comprenderla. Si él hubiera descubierto el escondrijo del tesoro o se hubiera desanimado al cabo de unos meses, como los que buscaban en Klondyke o Flic en Flac, la cosa no hubiera tenido consecuencias. Pero, durante tantos años, buscar, cavar, dibujar incansablemente el mismo mapa de la Ensenada de los Ingleses, trazar la misma curva del río, colocar los puntos de los arganeos, medir los ángulos, situar los puntos unos tras otros, punto E, punto O, punto F, punto δ, punto M, punto R, punto Z, y los puntos de sondeo, 122, 174, 166, interrogar sin fatigas durante treinta años el mismo paisaje, algunos arpendes de maleza y marismas, hasta conocer cada roca, cada pliegue del terreno, cada quebrada, y mientras, el olvidado mundo hacía sus mortíferas guerras, concluía sus revoluciones, trazaba sus nuevas fronteras; eso es extraordinario y no puede carecer de sentido. Entonces el propio paisaje se convierte en espejo, y casi puedo entrever aquí, en esta tierra, en estas piedras, en la línea de las colinas agostadas, el rostro y la sombra imborrables de mi abuelo.

El buscador de quimeras deja junto a sí su sombra.

¿Qué buscaba en verdad? ¿De qué huía? Hombre dulce, refinado, elegante, alto y delgado como aparece en las escasas fotografías que de él he visto en Mauricio; alto, con algo de dandi, barba y cabellos morenos o castaño oscuro, vestido con su levita negra sobre un chaleco, camisa estricta pero de cuello abierto, sin corbata, el aire distraído y lejano a la vez, algo triste, el hombre que entonces había perdido todos sus bienes, despojado por sus allegados, que había sido expulsado de su casa natal y que sólo en un sueño encontró refugio. ¿Refugiado? No, hay que decir aventurado, salido de sí mismo. Mirando esos mapas tan precisos, leyendo las palabras de su diario yo lo había sentido así. Pero fue aquí, en la Ensenada de los Ingleses, donde todo se hizo evidente. Es la llamada de otro mundo, de un mundo vacío de hombres, donde reinan los roquedales, el cielo y el mar. Es también la llamada del mar, el «viento de alta mar» del que hablaba soñando, le imagino ante sus hijos, cuando el viento soplaba rumoroso sobre la montaña Ory. Entonces no es cuestión ya de tesoros, ni de *Privateer*, sino una embriaguez semejante a la libertad del ave marina o del pez espada. El sol de fuego, el cielo sin nubes, el mar azul oscuro con jirones de espuma en la línea de los arrecifes, las lavas negras, los bosquecillos de acacias, de tamarindos, los matorrales inclinados por el viento, las agudas hojas de los vacoas. Los agujeros de los cangrejos de tierra. Un mundo en el que el hombre es raro, y por ello amistoso, cercano. Un mundo sin ponzoña, sin desgracia, sin derrota. También la pobreza, pero no la de la ciudad miserable, ni la de las plantaciones donde se inclinan las mujeres vestidas con el *gunny*, sino la pobreza esencial, que limita al hombre a su arpende de árida tierra, a su valle, a las desnudas colinas pobladas de cabrillas silvestres. Y luego el cielo nocturno, magnífico, estrellado, vivo como otro mundo del que se adivinan las avenidas y las mansiones.

Pienso en todos esos viajeros que vinieron aquí, antes que mi abuelo, y a quienes este paisaje deslumbró. En quienes dejaron un rastro de su paso y quienes permanecieron en la isla sin jamás marcharse ya, en esos primeros colonos olvidados, enterrados sin duda bajo los montículos del pequeño cementerio en el estuario del río Roseaux, ante el mar.

Pienso también en las frases escritas por Pingré, llegado en 1761 para observar el paso de Venus, y que habla en su diario de un lugar que se parece al que había elegido mi abuelo: «Hasta aquí hemos aprovechado ciertos canales que, atravesando los arrecifes, nos permitían viajar en *piragua*; al este del Gran Puerto ya no había suficiente agua para ir en nuestra *piragua*, o esa agua al comunicar con el mar abierto estaba demasiado agitada como para soportar tan frágil embarcación. El señor de Puvigné despidió, pues, las *piraguas* por el camino que las había traído, con la orden de venir a buscarnos al día siguiente en la *Depresión de las grandes piedras de cal*». Sin duda mi abuelo había leído esas líneas de Pingré, escritas con una gran caligrafía inclinada en un viejo cuaderno que se conserva en la biblioteca Carnegie de Curepipe. Esta «Depresión de las grandes piedras de cal» evoca el *lugar de la costa donde el mar bate las rocas* que mencionan los papeles de la búsqueda del tesoro. Pingré lo describe más adelante: «Las montañas de los Cuatro Pasos están cortadas a pico y, como casi no hay arrecifes y la costa está directamente expuesta al viento, el mar bate con tanta violencia la costa que sería más que una imprudencia arriesgarse a cruzar este paso». Y es sin duda la Ensenada de los Ingleses lo que el primer colono de la isla, François Leguat, describe en su relato: «A mil pasos de nuestro alojamiento hay una ensenada que se llena de agua con la marea alta y a cuya entrada tendimos una red». ¿El corsario desconocido por mi abuelo vino realmente aquí, entre ambos relatos (el uno de 1690 y el otro de 1751)?

Pero las noches mágicas han sido las mismas, como si el transcurso del tiempo no pudiera cambiar nada de este mundo, del curso del río Roseaux, de las piedras de lava, del brillo de las estrellas, y todo fuera una sola y misma mirada que todavía durara. «Habiéndonos sorprendido la noche, cenamos y dormimos a la rasa en dicha depresión. Sólo encontramos agua salobre, pero no nos faltaba vino...» Algunas palabras de Pingré para decir que ha dormido, en aquel año de 1751, en el estuario del río Roseaux, unos ciento cincuenta años antes de la llegada de mi abuelo. ¿Por qué parece que haya sucedido ayer?

Esta noche, durante una reunión en casa de Lindsay Danton, el director del Barclay's en Port Mathurin, me entero de que cierto cura de origen alsaciano, el padre Wolff, llegado a Rodrigues en 1936 o 1938, buscó también el tesoro de El Buaro en la Ensenada de los Ingleses, pero en la orilla, y también en vano. De modo que mi abuelo supo inspirar a quienes le siguieran en su sueño, puesto que fue él quien inventó, primero, la leyenda del tesoro de Rodrigues. La leyenda sigue viva y, mientras recorro el fondo del valle con los planos en la mano, siento ahora discretas pero insistentes miradas que siguen mis idas y venidas. La gente de los alrededores está al acecho. ¿Y si fuera yo quien, por fin, descubriese el tesoro? No hay que perderse ese momento. El tesoro ha echado raíces en la memoria de los hacendados de la Ensenada de los Ingleses, la leyenda forma parte de ellos mismos y muchos nacieron con ella. Tal vez les ayuda a vivir en su indigencia, es una suerte de secreta esperanza en este lugar áspero y estéril.

Instintivamente, regreso al puesto de observación, en lo alto de la punta Venus, donde sin duda tuvo lugar, en 1874, la gran observación del paso de Venus, no lejos del lugar que mi abuelo denominó Atalaya del Comendador.

Hay —escribe en 1906—, al borde del acantilado de la montaña Venus, los restos de un fortín que domina, desde el primer contrafuerte «T» de la misma cadena de colinas, las ruinas de una antigua torre o, mejor, de un antiguo puesto de observación. El conjunto domina la rada del Port Mathurin por un lado y la bahía inglesa por el otro. Este «contrafuerte», muy característico, es uno de los tres puntos culminantes que el documento Savy muestra en línea recta a partir del Pitón que se destaca claramente del macizo central. Esta particularidad lo señala, indiscutiblemente, como el «comendador» del que se habla en uno de los documentos. Su forma redondeada explica la alusión que hace el documento en cuestión, que habla de la «Cima del Comendador».

Desde allí domino toda la región, de este a oeste, y veo la magnífica extensión del mar, azul oscuro, cabrilleante de espuma. El viento es a veces tan violento que me cuesta permanecer de pie. Las ruinas de la torre, o del puesto de observación, son hoy sólo un círculo de piedras soldadas, pulidas por el viento y el agua, que erige un precario abrigo para algunos matorrales. Hay algo extraño en esa ruina agarrada a la cumbre del acantilado. Y aquí, el signo de la *M* que mi abuelo había distinguido desde la otra vertiente del valle, y cuyo símbolo había encontrado de nuevo en una roca fracturada, como una indicación dejada por el *Privateer*, se deshace como una ilusión. La otra parte de la *M* está detrás, a más de cien metros, y en la depresión; hay una vieja granja rodeada de muros de piedra en seco que debía de existir ya cuando llegó mi abuelo. Contra el muro bajo, un perro famélico dormita al abrigo del viento. No lejos, en la tierra roja que ha revuelto buscando algo de humedad, hay un enorme cerdo negro.

Cuántas veces ha debido de subir mi abuelo hasta aquí, a lo alto de este farallón, pasando ante los edificios coloniales de Cable & Wireless, la compañía inglesa de telégrafos, abandonados hoy, y ascender a través de los campos pedregosos hasta el observatorio de la Atalaya del Comendador. ¿Acaso no fue aquí, por otra parte, donde se realizó la famosa observación del paso de Venus en 1874 y, antes, tal vez, la de Pingré en 1761? Sin duda por ello hay en este lugar algo de tenso, de *vigilante*, como si la aguda mirada de los hombres que aquí se detuvieron hubiera dejado la duradera interrogación del espacio.

Sentado en las piedras de la torre en ruinas, golpeado por las borrascas, miro las colinas de los alrededores por donde surgen las sombras de nubes semejantes a humaredas, que el violento viento arrastra hacia el noroeste, hacia la sombría alta mar. Miro el mar, los ribetes de espuma, el horizonte. Miro sobre todo el valle del río Roseaux, inmóvil, inmutable, pese a los techos de las chozas y a las plantaciones de cocoteros. Exactamente ante mí, en la parte opuesta del valle, está la oscura abertura de la quebrada donde mi abuelo realizó sus excavaciones; las marcas de los sondeos son claramente visibles, como las huellas de los impactos de aerolitos en la luna. Poco a poco, mirando con más atención, veo aparecer otros rastros, golpes, cicatrices en el flanco de las colinas del este. En las áridas laderas, las heridas no se han cerrado, las piedras desplazadas muestran todavía el oscuro lugar que ocupaban. Tanto trabajo inútil me sorprende y me conmueve, como esas huellas dejadas por hombres desconocidos en lugares hoy desiertos, en Monte Albán, en México, por ejemplo, o en el valle de las Maravillas. ¿Trabajo inútil? ¿Quién soy yo para juzgarlo? Hay en esas huellas un secreto febril, y no puedo comprenderlo, pues procede de una época desconocida para mí, de la que sólo puedo percibir algunas briznas; habla de una vida de hombre tan extraña, para mí, como si hubiera sido vivida hace mil años. Lo que ese hombre conoció, lo que quiso, lo que esperó, todo se ha desvanecido, y en mis manos sólo quedan viejos papeles que el viento arruga y en el paisaje de piedra duran sólo esos rastros fragmentados, esos signos, esos fósiles.

Cada noche, los auténticos joyeles, las estrellas. También la luna, magnífica en todas sus fases, iluminando la oscuridad. Venus, puro y bello, diamante de tan intenso brillo que ilumina el mar, debajo, como si fuera un faro. Venus, que atrajo hasta aquí a los astrónomos ingleses, por quien emprendieron tan largo viaje y construyeron esta plataforma de observación.

Imagino a mi abuelo al finalizar esas extenuantes jornadas entre roquedales, o cavando sus agujeros y sus zanjas, con sólo uno o dos hombres y un niño como obreros, en el tórrido calor de diciembre, y, llegada la noche, sentado en una roca, ante la cabaña que habitaba (la de Arnold Roustier o Ange Raboud), mirando a Venus que fulguraba en el cielo negriazul, y todo el cielo debía de parecerle entonces el plano de un secreto, como el trazado original de todos los misterios que se había propuesto descifrar.

El viento, la lluvia, el ardiente sol. La isla se parece a una balsa perdida en medio del océano, barrida por las intemperies, incendiada, lavada. La extrema erosión del mar ha modelado esas rocas brotadas de las profundidades, las ha gastado, pulido, envejecido, y sin embargo queda en todas ellas la marca del fuego que las creó.

La isla estaba antaño cubierta de bosques. François Leguat habla en su relato de árboles gigantes, a los que llama «kastas», tan grandes que podían abrigar a dos o tres centenares de personas. Habla, en otra parte, del «aspecto admirable» de la isla: «No lográbamos cansarnos de mirar las pequeñas montañas que la componen casi por completo, tan ricamente cubiertas de grandes y hermosos árboles estaban». Sin duda fueron los hombres quienes la transformaron en semejante desierto, tal vez aquellos balleneros americanos que, en su caza de grandes cetáceos, se detenían antaño en la isla para aprovisionarse de leña para el fuego. Hoy, Rodrigues es ese roquedal desierto, gastado, abrasado, que expulsa a los hombres. La pobreza, el hambre, la sed hacen difícil la vida. Sólo los más miserables se aferran a la isla, los que nada tienen que perder: granjeros negros que viven en el fondo de las quebradas con sus chotos, sus cerdos y algunos arpendes de maíz y de habas. Desde que se fueron los ingleses de la compañía Cable & Wireless no hay ya europeos. En Port Mathurin sobreviven algunos comerciantes chinos, dos o tres banqueros, algunos agentes comerciales de Port Louis. Un médico, algunas monjas, un sacerdote.

De este modo, la isla vuelve a ser de los hombres que la merecen, que la aman realmente. Estamos aquí tan lejos de la amena vida de Mauricio, de los campos de caña, de las playas, de los pintorescos pueblos indios. Aquí es, más bien, el clima de los «islotes», esas aldeas perdidas en la montaña reunionesa, donde los habitantes sobreviven con obstinación, casi con ferocidad.

A lo largo de la única pista, de norte a sur, los negros poblados diseminados, asidos a las laderas de las colinas agostadas porque hay en alguna parte una fuente, un pozo, un manantial. Se llaman La Ferme, Mangues, Montagne Bon Dieu, Village Patate, Limon, Plaine Corail.* En todas partes falta agua, tierra de labor, sombra de los árboles. No faltan las piedras de lava, los matorrales espinosos, los cactus. Me parece, sin embargo, que esa miseria áspera y salvaje es menos pesada que la pobreza mauriciana, por no hablar ya de la India. Hay aquí una impresión de lentitud, de alejamiento, de extrañamiento del mundo de los hombres ordinarios que debe de encontrarse, también, en Saint Brandon o en Aldabra, y que hace pensar en la eternidad, en el infinito.

---

* Es decir: La Granja, Mangos, Montaña Buen Dios, Pueblo Patata, Limón, Llanura Coral. *(N. del t.)*

Lo sentí desde que llegué a la isla: era, tal vez, el viento violento que arrastraba las nubes, semejantes al humo de un incendio, en las cimas de las montañas. O el azul del mar, intenso, iluminado por el sol, las oscuras corrientes que llegan a través del paso, los negros bancos de coral y las montañas leonadas, las hojas de los vacoas, los áloes, los cactus. Y sobre todo, creo, el silencio, el silencio cargado de luz y de viento, que parecía venir de la otra punta del océano, del profundo sur, de las regiones más puras del mundo, del Antártico, Australia, Oceanía. Algo que no comprendía bien y que me electrizaba, llenaba mi cuerpo y mi espíritu, una luz que me hinchaba, me nutría. Lo he sentido a cada instante del día, hasta el agotamiento. Por la noche, incluso, bajo el oscuro azul del cielo, las estrellas tan seguras, tan próximas, la luna deslizándose entre jirones de nubes. He sentido que me hallaba en un lugar excepcional, que había llegado al final de un viaje, al lugar donde desde siempre debía venir. ¿Qué importaban los días, las horas? Cada segundo que pasaba tenía más fuerza que los que había vivido en otra parte, más duración. Lo sabía, lo supe en el instante en que pisé Rodrigues. Entonces, miraba, escuchaba, respiraba con todos mis sentidos al acecho. Incluso si no sucedía nada en este viaje ahí estaba esa luz, esos roquedales negros, ese cielo, ese mar. Cada segundo que pasaba con ellos me ofrecía su poder, su silencio. Estaba con ellos. Cierto día, mientras avanzaba solo sobre mi sombra, vi una piedra redonda, lava del color de la noche, agujereada, gastada por el agua y por el aire y que brillaba al sol con oscuro fulgor. La recogí, la estreché fuertemente en mi mano. No puedo decir todo lo que aquella piedra me hizo.

* * *

La presencia de mi abuelo en ese lugar solitario, esto es lo que me turba, me retiene. Es mi único vínculo con él, pues nada sé de él salvo esos papeles y esas escasas fotos amarillentas. Conocía al hombre avejentado, el magistrado en el final de su vida, su rostro flaco y anguloso, el aire a la vez soñador y altivo, parecido a un viejo indio americano fotografiado a comienzos de siglo. Pero he leído sus documentos, escritos con caligrafía extraordinariamente fina y legible, adornados con dibujos, planos trazados a pluma, coloreados a la acuarela, todo lo que relataba sus años de investigación, su incansable búsqueda del escondrijo del corsario. Esos papeles, esos planos devolvían, para mí, la vida a aquel sueño absurdo y empecinado de un hombre que lo había sacrificado todo para encontrar de nuevo el antiguo rastro del paso del *Privateer*, hasta el punto de identificarse con él. Pero no le conocía todavía, era sólo un personaje de novela, si se quiere, una idea. El hecho de que hubiera sido el padre de mi padre no tenía, en el fondo, gran importancia, porque era un desconocido, un hombre al que yo nunca había visto y que nunca me había visto. Cierto día, sin embargo, al descubrir una fotografía suya de cuando era joven, treinta años como máximo, me sorprendió ver al hombre que correspondía a su leyenda, al hombre tal como era cuando trazaba esos planos y escribía ese diario. Sorprendido, aunque no asombrado, pues era tal como le imaginaba: alto, delgado, elegantemente vestido, aunque sin afectación, con aquel rostro serio y aquella mirada soñadora. Largos y abundantes cabellos, romántica barba morena, parecía mirar a lo lejos, más allá de la placa fotográfica, hacia el tiempo, como si intentara percibir el futuro. A su lado, su hermana Camille, alta también, esbelta y refinada, hermosa en su largo vestido de comienzos de siglo, y su mujer, Anna, más dulce, más carnal, de aspecto tan joven con su hermosa cabellera rubia recogida en un moño.

Es esta imagen la que, ahora, conservo de él, aquí, en la isla que con tanta fiebre interrogó durante un cuarto de siglo. Es esta imagen la que está en mi memoria, sustituyendo cualquier otro recuerdo, creando la impresión de una inevitable proximidad, el sentimiento de haber conocido a ese hombre, de haberle visto, oído hablar, de haberle seguido por esos caminos de piedra hasta la quebrada del tesoro, de haber estado allí siempre mientras él cavaba sus agujeros de sondeo o iba descubriendo nuevos hitos, él, mi desconocido abuelo a quien los años transcurridos no pueden ya separar de mí.

¿Por qué he venido a Rodrigues? ¿No será, como el personaje de Wells, para intentar retroceder en el tiempo?

En Rodrigues todo se sabe. Ahora no puedo ya ocultar lo que he venido a buscar. Pero, ¿tiene realmente nombre lo que he venido a buscar? ¿Cómo podría decirlo? Naturalmente, ellos tienen una mirada irónica, con una pizca de inquietud, ellos, los *gentlemen*, los *bourzois** de la buena sociedad, el director del Barclay's, el propietario del hotel de Punta Venus: ¿qué puede esperarse de este montón de piedras salvajes, sino un tesoro? Sí, eso es, ¿y qué buscaba aquel hombre que murió hace cuarenta años y que vino aquí a la aventura? ¿No era acaso un tesoro, el fabuloso botín procedente de las rapiñas de El Buaro, o de England, el oro y las joyas del Gran Mogol, los diamantes de Golconde? ¿No era, tal vez, el botín de Avery que, según Van Broeck, capturó el tesoro que el mogol Aurangzeb había dado como dote a su hija, y que estimaba en más de un millón de libras esterlinas? Avery, que en su tiempo tuvo la reputación de haberse convertido en un «reyezuelo», había capturado el bajel del Gran Mogol que se dirigía a La Meca con su séquito. Entonces, cuenta Charles

* Pronunciación en *créole* de *bourgeois*, es decir «burgués». *(N. del t.)*

37

Johnson en *History of Pyrates*, «se casó con la hija del Gran Mogol y puso rumbo hacia Madagascar», y pronto abandonó su navío y su tripulación y, sin duda, su tesoro (oculto en alguna isla), para dirigirse a Boston, a las Américas, donde vivió algún tiempo antes de morir en la miseria en Bristol. ¿Qué había sido entonces de su mujer, la maravillosa hija (es imposible no imaginarla bella) del mogol Aurangzeb?

¿No era también eso lo que buscaba mi abuelo, en ese decorado de maleza y lava, aquí, en uno de los lugares más pobres y aislados de la tierra? Pues el tesoro era eso, era la aventura fabulosa del *Privateer*, la leyenda del Gran Mogol y sus vasallos, Nizam el Moluk en el Deccan, Anaverdi Jān en Arcot, la capital del famoso Carnatic (llamado también Coromandel), custodiada por sus dos fortalezas de Gingi y de Trichinopoly. Era también la quimera del dominio de Golconde, el norte del Carnatic, una fortaleza inexpugnable, construida en lo alto de un roquedal, a tres leguas de la legendaria ciudad de Hyderabad. Allí estaba guardado, según la leyenda, el fabuloso tesoro de los «nizam», los vasallos del Gran Mogol, amasado durante siglos. Los diamantes de Golconde habían sido el sueño de los conquistadores llegados de Portugal, de España, de Holanda, antes de ser el delirio de los filibusteros a finales del siglo XVIII. Huero sueño, pues, cuando penetraron por fin en el Deccan, los conquistadores europeos no descubrieron Eldorado, que daban por supuesto, sino la pobreza de las ciudades y los pueblos en un país donde había más polvo y moscas que oro. ¿No era el mismo sueño que se había disipado cuando Coronado, creyendo descubrir las ciudades de Cibola, con techos de oro y pedrería, llegó por fin ante las aldeas de barro seco de los indios Pueblo, o cuando René Caillié entró por primera vez en Tombuctú y vio que la ciudad misteriosa no era, de hecho, más que un lugar de encuentro de camelleros?

¿Cómo pudo mi abuelo creer en la leyenda del tesoro de Golconde y, sobre todo, en la de la dote de la hija de Aurangzeb capturada por Avery? En la época en que Avery pirateaba por el mar de las Indias, es decir, entre 1720 y 1730, ya no era Aurangzeb quien reinaba en la India, sobre nababs y suhabs, sino un usurpador, llamado Mohammed Shah, que había derrocado, en 1720, a Farruk Sihar, primo él mismo de Shah Allan y de su hermano Djahandar, hijo de Aurangzeb que había muerto en 1707. Por lo que se refiere a los piratas —a quienes mi abuelo llama los *Privateers*— sólo comenzaron a navegar por el mar de las Indias cuando fueron expulsados del mar de las Antillas, es decir, a partir de 1685. Eso coincidió, además, con la expansión de las tres grandes compañías mercantiles, la Compañía de los Países lejanos en Holanda (fundada en 1595 en Amsterdam); la Compañía de los Mercaderes traficantes de las Indias orientales en Inglaterra (fundada en 1600) y la Compañía de las Indias orientales en Francia (fundada por Colbert en 1664). Los predadores del mar de las Indias —Taylor, El Buaro, Avery, Cornelius, Condent, John Plantain, Misson, Tew, Davis, Cochlyn, Edward England y tantos otros— adquirieron su gloria gracias a esos gigantes a cuyas expensas vivían: esas formidables compañías mercantes que fueron los primeros agentes verdaderos de la colonización europea y que abrieron la ruta de Oriente, primero por medio de intercambios pacíficos, luego por la violencia armada, dividiendo inmensos territorios, océanos, repartiéndose entre ellas esa mitad del mundo.

* * *

¿No es ese pasado extraordinario lo que está en el corazón del tesoro, el secreto de esos movimientos de digestión del mundo de la Europa triunfante? Ir en busca de esos mares y de las islas por donde pasaron antaño los navíos, recorrer el inmenso campo de batalla donde se enfrentaron los ejércitos y los fuera de la ley, significaba tomar parte en el sueño de Eldorado, intentar compartir, casi dos siglos más tarde, la embriaguez de esa historia única: cuando las tierras, los mares, los archipiélagos no habían sido todavía encerrados en sus fronteras, cuando los hombres eran libres y crueles como las aves marinas y las leyendas parecían todavía abiertas al infinito.

Tierra abrasada: negra, dura, que rechaza al hombre. Tierra indiferente a la vida, rocas, montañas, arenas, polvo de lava.

Caos basáltico de la bahía Malgache, conos áridos, lunares, que mi abuelo anotó en sus planos, que servían, decía, de orientación a los navegantes: el Limón, el Malartic, el monte Patate, el monte Lubin, el Bilactère, el Charlot, el pico Malgache, el Coup-de-sec, el Diamante. Los riachuelos, las quebradas que abren las laderas de las colinas, van derechos al mar: grietas sin agua, profundas como arrugas, que muestran el negro y polvoriento interior de la tierra, heridas y cicatrices que una simple ráfaga de viento borra, derriba. ¿Cómo pudo mi abuelo suponer que aquí encontraría rastros humanos, un recuerdo con dos siglos de antigüedad? ¿Cómo pudo, año tras año, buscar la sombra del *Privateer* entre esos roquedales, bajo ese cielo, contemplando siempre la misma forma de los montes, parecidos a gigantes desmoronados? ¿Hay aquí algo que dure más que el viento, la luz y el mar? La lava, tal vez, increíblemente dura, pero aparece y se oculta al albur de las tempestades o de las avalanchas de polvo negro. Las rocas de lava parecen osamentas negras, abrasadas, que resbalan sobre sí mismas o regresan a la superficie empujadas por la tierra, juguetes en la mano de un dios desconocido.

¿Son éstos los signos que guiaron a mi abuelo cuando elaboraba los planos de su búsqueda? Pero, señuelos más que signos, estos bloques de lava cambian de lugar en cada estación, surgen de pronto en medio de los aluviones del río Roseaux o desaparecen tragados por el limo de la marisma. ¿Cómo creer en tales signos?

Y, sin embargo, ¿cómo no ver en ese paisaje desértico, modelado por el viento y por la lluvia, impregnado de sol, la expresión de una voluntad? Mensaje dejado, como por olvido, por algún gigante terrestre o dibujo del destino del mundo. Signos del viento, de la lluvia, del sol, huellas de un orden antiguo, incomprensible, semejantes a esas inscripciones grabadas en la lava, al oeste de Nuevo México, o en el monte Curutarán, en el centro de México. Me parece, mientras camino por aquí, por el fondo de este valle, entre las negras colinas, haber llegado a otro mundo que no pertenece a los hombres modernos, ni siquiera a los piratas: el mundo anterior a los hombres. Aquí está el silencio, el viento, la luz, y siento todavía bajo mis pies el fuego profundo de la tierra. Veo las raíces de los vacoas, de los tamarindos aferrados a la tierra ardiente, veo esas hojas lisas, agudas como espadas, y comprendo que ese mensaje que busco, que está escrito en el fondo de este valle, no puede llegar a mí, sólo rozarme. Como una frase que viniera de un confín del tiempo y que fuera volando en línea recta hacia el otro confín del tiempo.

Ante la belleza de este paisaje sencillo y puro: líneas de las peladas colinas, línea del mar, bloques de lava que emergen de la tierra seca, camino de los arroyos sin agua, pienso en los complicados trazos de mi abuelo, esos planos, esa red de líneas, semejantes a telarañas, para capturar el secreto desaparecido. Es cierto, puede parecer absurdo, inútil, un embrollo, un lío que ocultaba entonces la realidad de esta isla pobre, de esta tierra desnuda, donde la vida de un insecto y de una planta es ya un gran milagro.

Pero tal vez fuera necesario. Sin ese trazado de líneas, sin esa medida de ángulos, hitos, ejes este-oeste, cálculos meticulosos de los puntos, ¿habría existido esta tierra, habría tenido un significado, habría tomado forma bajo sus ojos, quiero decir, ya no como un punto cualquiera, indiferenciado, del planeta, sino como esa «Ensenada de los Ingleses» elegida por el *Privateer* para ocultar en ella su oro y sus diamantes, es decir, como uno de los lugares más poderosos y más secretos del mundo? Así actuaban los primeros hombres cuando daban sus nombres a los lugares de la tierra, montañas, ríos, marismas, bosques, llanuras de hierba o guijarros, para crearlos al tiempo que los denominaban. Entonces, cada parcela de este paisaje se convierte en un símbolo. La «marisma donde culmina el mar», junto al estuario del río Roseaux, la lenta curva del río hacia el este, hacia el sur luego, las oscuras colinas del oeste, dominadas por la Cima del Comendador en forma de M mayúscula. La abertura de la quebrada al este, con su extremo obstruido y su cerrojo de piedras, y la gran roca tallada en forma de M mayúscula que responde al signo del oeste. Por fin, las dos piedras marcadas, una al oeste, la otra al este, trazando la línea geométricamente perpendicular al eje señalado por el curso general del río. El punto O, «figura del arganeo marino grabado a hueco en la piedra», y todos los demás puntos que determinan este paisaje, le dan su sentido, su historia.

El punto δ: «Otra figura de arganeo, mayor y menos acentuada, pues la naturaleza de la piedra no se presta a un trabajo tan cuidado como el del punto O. El corsario utilizó para esas marcas, como puede verse, piedras fijas».

El punto R: «Marca claramente grabada en la piedra, una de cuyas caras está dirigida hacia el punto Z».

El punto Z: «Enorme protuberancia en forma de fuste de columna, enterrada perpendicularmente en el suelo, y cuya parte superior, adelgazada por dos caras paralelas, estaba dirigida hacia el punto 29».

El punto Y: «Triángulo rectángulo isósceles grabado en una de las paredes verticales de la piedra».

El punto P: «Figura en forma de escuadra, grabada en posición oblicua en la pared vertical de la tierra».

El punto E: «Triple ranura hecha al punzón y que irradia hacia δ, F y 30».

El punto F: «Trazo largo y profundo grabado en la piedra, dirigido hacia el punto 29».

Ese barullo de líneas, de ángulos, de puntos de orientación que recubre el dibujo simple y fácil de la Ensenada de los Ingleses, año tras año, trazando su red cada vez más complicada sobre los escasos arpendes de tierra donde mi abuelo vivió casi sin apartar la mirada. Absurdo, inútil trabajo de agrimensor, de geómetra, pero ¿puedo juzgarlo? Esta tierra no es sólo tierra. Del mismo modo, los hombres han cubierto la indecible belleza del cielo nocturno, lleno de estrellas, con los dibujos de sus constelaciones, las divisiones de las horas siderales, los grados de declinación. Entonces aparecieron las místicas figuras del cielo, el Can, Piscis, la Osa, la Serpiente, el Dragón, que hablaban del deseo de los hombres de comprender el secreto orden del mundo, el destino señoreado por los dioses. Aquí, en la Ensenada de los Ingleses, mi abuelo buscaba un orden distinto, tal vez el de su propio destino. Tal vez el desconocido punto que haría, por fin, coincidir su vida con la del misterioso viajero que sólo había dejado, a guisa de testamento, un mapa de este lugar y cuya aventura le entregaría, más allá de las barreras de la muerte, el tesoro que reluciría con los mil brillos de la vida eterna.

En septiembre de 1914, mientras el mundo bascula hacia la primera tragedia universal, él no ve otra cosa, no escucha otra cosa más que el rumor de su búsqueda, y es entonces cuando el laberinto alcanzó la cúspide de su complicación:

Se trataría, pues, de buscar en los vértices rectangulares de estos triángulos, es decir, en el punto 29 o en el punto 30. La agrupación y la dirección convergente de esos cuatro hitos (F, Y, G, E) parecen dejar pocas dudas acerca de su significado. Hemos indicado ya, por otra parte, que la línea del punto Z indica la dirección Z-29. Podría por extensión decirse, por analogía y por motivos geométricos que tal vez han influido en la intención del corsario, que los puntos 32 y 27 se indican a falta del 29. Las exploraciones debieran, pues, comenzar por los puntos 29 y 30 y ser llevadas hacia 33 y 31 de modo que comprendieran la extensión del triángulo 33-29-31 —y, si fuera necesario, extenderlas a los puntos 33 y 27—. Buscando en 29 y 30, en un radio de 6 a 7 pies, para comenzar, no quedaría ya gran cosa por hacer para completar la exploración del triángulo 33-29-31; de creer en algunas indicaciones de los documentos, el tesoro se habría ocultado en el ángulo recto izquierdo superior o en el ángulo inferior, a la derecha, en torno al punto 29. De este modo:

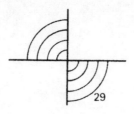

Luego escribe, con esa precisión que, en él, tiene también parte de humor:

> Realizando esas exploraciones es necesario, evidentemente, tener en cuenta las indicaciones dadas por la naturaleza del suelo y no insistir allí donde la constitución geológica implica una flagrante imposibilidad. Sin embargo, no deben sacarse conclusiones apresuradas, pues es posible que el corsario, para desalentar la búsqueda, haya amontonado en el lugar de su escondrijo algunas piedras destinadas a dar al terreno la apariencia de un desmoronamiento natural antiguo. El hecho de que dos de sus hitos (Y y Z) estuvieran disimulados bajo grandes bloques de piedra implica que pudo actuar del mismo modo en lo referente al lugar del tesoro.

Así bogaban los Antiguos, bajo la incertidumbre de los cielos cargados de estrellas, en ciega confianza y en la inquietud de no ver llegar el instante de su propia muerte.

El sueño de mi abuelo es, sobre todo, el sueño del mar. No del mar como podía verlo en Port Louis, cuando iba allí para resolver sus asuntos: mar cargado de barcos, paquebotes llegados de Europa o de la India, o sencillos cachamarines con su cargamento de caña, ruta comercial más que océano. Ni el mar tan hermoso y tan tranquilo de las albuferas, en Mahebourg, en la punta de Esny, en Poudre d'Or, del lado de la Isla de los Ciervos, todas esas orillas marinas adonde acudía (ya) a pasar las vacaciones, con los niños y las ayas, para robinsonear durante algunos días en los campamentos.

El mar que le atrajo: imagino que lo encontró, primero, en los libros, en los relatos extraordinarios de los navegantes que había en la biblioteca de su padre y que debió de leer, como yo, desde la infancia: Dumont d'Urville, Bougainville, Jacob de Buccquoy, D'Après de Mannevillette, el abate Rochon, Ohier de Grandpré, Mahé de la Bourdonnais, Lislet Geoffroy, todos esos hombres que recorrían el mundo en busca de tierras nuevas, de islas desconocidas, arriesgando su vida, y cuya vida sólo tenía sentido por la aventura. El mar que habían amado, que habían conocido, que les había hecho sufrir, que había significado la muerte para alguno de ellos. Cook, Magallanes, en busca del extremo sur, llegados a los límites del mundo. El mar que habían afrontado François Leguat y sus compañeros, en un esquife improvisado, para huir de Rodrigues y llegar a Mauricio, donde les aguardaban las mazmorras de los holandeses. El mar que habían atravesado los primeros exploradores de las Mascareñas, cuando cada marino era un héroe: Charles Marie de Latour, Corentin Pislot, Albin Marion, que navegaban en el *Zodiaque*, Pierre Marie de Fleury, Michel Dubreuil en el *Fortuné*, Jonchée de la Goleterie en el *Mars*, que cruzó en 1727 ante las costas de Juan de Nova, de Perros Banhos, de Rodrigues, y partió luego hacia el oeste africano.

El mar que habían surcado piratas y corsarios durante casi un siglo, conquistando un imperio, en Antongil, en Santa María, en Diego Suárez.

El mar que había cruzado, tras el estallido de la Revolución francesa, en un brik llamado *Espérance*, mi antepasado François Alexis Le Clézio, a punto de perecer varias veces en las tormentas, perseguido por piratas o por navíos ingleses y llegando, cierto día, a la vista de l'Île de France, donde le aguardaba una vida nueva.

Fue este mar el que debió de soñar mi abuelo, un mar que es la misma sustancia del sueño: infinita, incognoscible, mundo en el que uno se pierde a sí mismo, en el que uno se hace otro.

El mar profundo, violento, de un azul oscuro más allá de las barreras de coral, de olas altas como colinas móviles, caireladas por nubes de brumazones. El mar pesado y liso de los días que preceden al huracán, sombrío bajo el cielo cargado de nubes, cuando el horizonte está turbio y humea como las riberas de una catarata. El mar casi amarillo del crepúsculo, en verano, balsa de aceite por la que pasan estremecimientos, en breves círculos, donde se encienden las chispas del sol, sin tierra alguna para cerrar el espacio. El mar como el cielo, libre, inmenso, vacío de hombres y pájaros, alejado de los continentes, alejado de los mancillantes ríos, con, a veces, al azar, un puñado de islas dispersas, tan pequeñas, tan frágiles que parece que una ola podría sumergirlas, borrarlas para siempre. El mar, el único lugar del mundo donde se puede estar lejos, envuelto en los propios sueños, a la vez perdido y cercano a uno mismo.

Eso es, imagino, lo que buscaba mi abuelo cuando se hizo por primera vez a la mar (hacia 1901 o 1902) para ir a Rodrigues en la goleta *Segunder*, al mando del capitán Bradmer.

Imagino también el primer encuentro de mi abuelo con el navío en que iba a viajar entre Mauricio y Rodrigues, durante casi treinta años. ¿Cómo era? Veo una goleta de dos palos de velas áuricas, un *schooner*, o tal vez, sencillamente, un *ketch* de un solo palo. En cualquier caso era un velero, pues en aquella época sólo los grandes paquebotes que prestaban servicio entre la India e Inglaterra navegaban a vela y vapor. Veo el navío de mi abuelo bastante ancho y panzudo, con una proa más bien levantada, como las barcazas que hacían cabotaje a lo largo de las costas. Sin duda había sido construido en los astilleros de Port Louis, o del río Negro, hecho de madera pesada y sin castillo, sin pasarela, con la barra del timón ligeramente protegida por un saliente en la parte de atrás. Fueron los mástiles y los cordajes los que debieron de atraer la mirada de mi abuelo, pues, en aquel tiempo, el aparejo no era muy distinto del que se hallaba en los magníficos veleros de los exploradores, el *Endeavour* del capitán Cook, o el *Astrolabe* de Dumont d'Urville, o también los bajeles de los piratas, el *Victorieux* de El Buaro, el *Défense* de Taylor, o el *Flying Dragon* de Coydon.

Así lo imagino: un dos palos *schooner*, con sus velas áuricas sostenidas por dobles vergas y, en la proa, suspendido del bauprés los tres foques deshilachados como alas de ave marina, el gran foque, el foque pequeño y el petifoque. Los obenques, las drizas, los estays entre los mástiles inclinados hacia atrás, las escotas, las escalas de cuerda que llegan al estrecho puesto de vigía en lo alto del mástil de artimón, toda esa red de cuerdas y nudos que mantiene el velamen y sabe coger al viento en su trampa.

El puente de madera brillante desteñida por el agua del mar, las escotillas levantadas que muestran el interior del navío, la cala oscura y cargada de misteriosos olores, mezcla de especias, grasa, aceite rancio y humo que contrasta con los relentes de caña de azúcar fermentada que flotan en el puerto. Para mi abuelo la aventura era ya eso, el olor de la cala del *Segunder*, el puente mojado donde se atareaban marinos indios, comoreños, chinos, la inclinación de los mástiles y la red de cuerdas, la rueda del timón, con las empuñaduras de madera pulimentada por las palmas de los pilotos, el ruido rechinante del casco contra los topes del puerto y el gemido de las amarras en los noray y los bitones.

El *Segunder* era la forma misma del sueño y del viaje, afilado, pese a su vientre, elegante como el ave marina que había dado su nombre a los navíos, dispuesto a cruzar el mar hasta las islas secretas donde la leyenda había guardado sus tesoros: Fragata de las Seychelles, Perla de San Brandán, Santa María, Diego García de los Chagos, Rodrigues, o también aquel lugar en la costa oeste de l'Île de France que un marino bretón encarcelado en la Bastilla había designado en una de sus cartas, y que había hecho nacer el sueño. Basándose en esta carta algunos espíritus entusiastas creyeron en la fábula del tesoro de Flic en Flac y llegaron incluso a fundar una sociedad de accionistas, denominada «Klondyke», que había ya repartido entre sus miembros el codiciado botín.

El navío *Segunder*, que mi abuelo encontró entonces en los muelles de Port Louis, dispuesto a partir con su cargamento de mercancías hacia las lejanas islas del océano Indico, para regresar con maderas preciosas (raras ya en Mauricio) y barriles de aceite de copra, ¿no era, acaso, al mismo tiempo, la negación y la confirmación de la aventura prometida por tantos papelotes y dudosos documentos?

¿Cuándo partió por primera vez? En 1903 redacta su texto explicativo referente al tesoro de Rodrigues, texto que irá aumentando y rehaciendo luego, por medio de notas y correcciones, hasta 1926. Pero su primer viaje a Rodrigues debió de efectuarlo en abril de 1902, en misión oficial, como administrador y magistrado de la isla, hasta junio del mismo año, cuando un tal Herchenroder toma su relevo. En total llevó a cabo tres viajes oficiales a Rodrigues: el segundo, de julio a diciembre de 1913, y el tercero, de diciembre de 1918 a abril de 1919. Alfred North-Coombes, que da la lista de los administradores de Rodrigues, demuestra un humor no desprovisto de malevolencia al señalar que las estancias de mi abuelo no se vieron señaladas por ningún acontecimiento de importancia, salvo que tuvo que juzgar un parricidio y se sintió muy molesto, prefiriendo que el asesino fuera trasladado a Mauricio antes que verse obligado a pronunciar una sentencia. North-Coombes añade que este acontecimiento no bastó para disipar la impresión de profundo aburrimiento que mi abuelo sintió durante estas forzosas estancias en Rodrigues. El cronista inglés no podía, evidentemente, imaginar que bajo la apariencia del joven magistrado vestido de negro y de aspecto severo se ocultaba un buscador de quimeras. Y mi abuelo, con el pudor (o la timidez) de los auténticos buscadores de tesoros, hizo cuanto estuvo en su mano para ocultar el objetivo de sus viajes a bordo del *Segunder* y sus obstinadas búsquedas en la abrasada quebrada de la Ensenada de los Ingleses. Quienes le conocían y le encontraban, a veces, en el palacio de justicia de Port Louis no le habrían reconocido con sus vestiduras polvorientas y manchadas de sudor, desnuda la cabeza, rostro y brazos abrasados por el sol, cuando él mismo cavaba sus agujeros de sondeo en el reseco lecho del río Roseaux.

Sin duda es eso lo que primero me atrae, mucho más que la leyenda del tesoro escondido por el filibustero. Tesoros, al fin y al cabo, hay muchos, y también muchos cazadores de tesoros que intentan en vano descubrir un secreto que siempre se zafa. Pero pensar que aquel hombre cortés, elegante, profundamente bueno y honesto, pasó la mayor parte de su vida persiguiendo una quimera, que colocó en ella todas sus esperanzas —la venganza sobre todos aquellos que le habían maltratado y arruinado: pagar sus deudas, recuperar la casa de su familia de la que había sido expulsado, asegurar el porvenir de sus hijos—, pensar en esa locura, en ese vértigo que experimentaba cuando recorría el valle solitario buscando signos e hitos del *Privateer*, pensar en ese sueño fijo que era el suyo, que le roía en el fondo de sí mismo y le hacía extraño, entonces, al resto del mundo: eso es lo que me parece conmovedor, inquietante. Es eso lo que quiero comprender.

Recorro el valle de la Ensenada de los Ingleses, yendo de escondrijo en escondrijo, y descubro, poco a poco, las huellas que dejó, las magulladuras de las rocas, los bloques que hizo rodar o que desplazó, los signos y los símbolos que reconoció, que hizo suyos: piedras agujereadas, sajadas, rocas marcadas con el triángulo del arganeo, agujeros excavados en la base del acantilado del este, y que son visibles desde lo alto de la Cima del Comendador como cráteres, balcones de piedra erigidos para instalar un improvisado resguardo contra el viento y la lluvia, golpes de sondeo en la base de las rocas, que han puesto al desnudo una piedra más seca, más brillante. Mientras cruzo el valle, remontando el curso del arroyo hasta más allá de las últimas granjas, creo ver, por momentos, las huellas de sus pasos en la arena del lecho, o en la tierra polvorienta entre fragmentos de basalto y lava.

Es extraña esa mirada de un hombre muerto desde hace tanto tiempo (más de medio siglo, mucho antes de mi nacimiento) y que sigue habitando en este lugar. La Ensenada de los Ingleses no es un gran territorio. Me cuesta evaluar lo que la posesión representa. En las actas de compra fechadas una en 1906 y la otra en 1913 se especifican dos concesiones, una de trece acres y medio y la otra de tres acres, situadas a cada lado del río Roseaux. Allí pasó mi abuelo lo esencial de su vida, en sueños y en la realidad, durante más de treinta años, en ese perímetro limitado a este y oeste por áridas colinas, color de lava, al norte por las marismas y el mar, y al sur por la silueta de las altas montañas desiertas. Toda su aventura se reducía a esos dieciséis acres y medio de tierra árida, a ese arroyo intermitente, a esas colinas de piedra por donde corren los chotos, a esas matas de vacoas, a esos pocos tamarindos ennegrecidos por el sol. Algunos guijarros, algunas marcas, algunos escombros, maleza, arena, eso es lo que vio durante tantos años, una propiedad apenas más grande que un huerto, encerrada en el fondo de un valle, bajo el peso del sol y el viento que hace correr las nubes por el cielo y, a lo lejos, el mar como un espejismo turquesa. Posesión para las hormigas, las escolopendras y los cangrejos de tierra; además, ése fue su único hallazgo verdadero, como cuenta con humor el único superviviente de aquella época, el viejo Fritz Castel, que había sido contratado por mi abuelo cuando todavía era un niño para que le ayudara a cavar sus agujeros: mientras cavaban, habían desenterrado un cangrejo de buen tamaño, lo habían cocido y se lo habían comido.

Sin embargo, mientras estoy aquí, siento lo que este terreno tiene de inagotable. Es un sentimiento extraño, como si en el mismo instante me hallara en el fondo del valle y encaramado a las colinas de piedra, mirando el lecho del río Roseaux. O como si, perdido en los matorrales hacia lo alto del valle, allí donde el arroyo es sólo un ínfimo hilillo de agua que a veces se divisa y se pierde entre los vacoas, viera al otro extremo, en las colinas que dominan el mar, pasar fugitivas siluetas humanas, un estremecimiento de sombras parecido a un espejismo.

Ésa era la tierra que se había asignado, que había elegido. ¿Qué le importaba la gente de Mauricio, la mirada irónica u hostil de los «burgueses» de Curepipe y de Rempart Street? El único desgarrón que debió de sentir fue dejar a la mujer que amaba, y a sus hijos, para venir a este desierto. Pero aquí, cada piedra, cada lava, cada fisura en las rocas, cada marca del tiempo, cada árbol o cada mata espinosa tenía un sentido profundo, verídico, estaba cargado de un secreto misterio cuya llamada sólo él había captado: entonces se abría para él el valle de la Ensenada de los Ingleses, para él se apartaban las siluetas de las montañas y esta tierra se hacía tan vasta como el cielo y el mar. Aquí, cada cerro tenía un sentido, crecía a la luz de este secreto como una sombra e incluso su nombre se hacía símbolo: se llamaba el Vigía, la Cima del Comendador, el Pitón. Una hendidura en la roca era la huella de un antiguo manantial, una astilla en la piedra basáltica o un agujero en el suelo eran signos dejados por el Corsario y todo el diseño de la naturaleza parecía haber sido concebido de acuerdo con el capricho de aquel hombre —o aquel demonio creador— que había ocultado allí su tesoro.

¿Pero qué era el tal tesoro? No era el botín de las rapiñas de algunos rateros de los mares, viejas joyas, bisutería destinada a los indígenas de la costa de los Cafres o de las Molucas, doblones o rixdales. El tal tesoro era, por lo tanto, la vida o, más bien, la supervivencia. Era esa mirada intensa que había escrutado cada detalle del valle silencioso hasta impregnar con su deseo las rocas y los arbustos. Y yo, hoy, en el valle de la Ensenada de los Ingleses, encontraba aquella interrogación dejada en suspenso, avanzaba por esos antiguos rastros, sin saber ya si eran los del filibustero que había dejado allí su memoria o los de mi abuelo que le había perseguido.

Pensé con frecuencia en Jasón, en su búsqueda en Cólquida, tal como la cuenta Valerio Flaco. Lo hice casi por azar, porque la aventura de los pasajeros del navío *Argos* me parecía, al principio, muy distinta de la de mi abuelo. Sin embargo, aquí, en Rodrigues, sentí mejor todo eso: Jasón vagando en busca de un hipotético tesoro, yendo cada vez más lejos, arrojándose a mortíferas tormentas, a los combates, hallando incluso el amor devorador de Medea, todo eso me parecía más real ahora, en esta isla, gracias al recuerdo de mi abuelo. ¿Qué quería Jasón? ¿El poder, el sueño del oro o la realidad de una realización mágica? ¿Quién le había investido de tal papel?, ¿quién le había arrojado fuera de sí mismo, a ese navío de luz cuya popa no deja de avanzar por el cielo? ¿No era acaso la verdad de la aventura, cuando uno apuesta contra sí mismo en el azar de los datos? Eso y otras cosas también que se llaman el extremo, el fin de las tierras, lo desconocido, la otra vertiente del mundo, el mundo nuevo. Las Estrofadas, las costas del Euxino, Cólquida luego, los límites de la tierra.

La aventura de mi abuelo era eso: no la búsqueda del Toisón de oro, ni la de los rixdales del pirata, sino la huida ante su destino (como un navío huye de la tempestad), y su propia caída en la trampa (Jasón enviado a una muerte cierta por su enemigo Pelias). Era medirse con lo desconocido, con el vacío, y en los peligros y los días de exposición y sufrimiento, descubrirse a sí mismo: revelarse, desnudarse. Para mi abuelo, abrumado por las deudas, con la amenaza de que le desposeyeran de su cargo de juez (pues un magistrado no puede estar endeudado), expoliado por su propia familia y expulsado de la casa en donde había nacido, con su mujer y sus hijos, sabiendo entonces que el estrecho horizonte de Mauricio se le había cerrado, la única aventura era, pues, partir, lanzarse al mar, dirigirse hacia el horizonte, buscar el lugar de su sueño. Y era la única aventura, no para olvidar, sino para saber quién era realmente. Por eso le entristeció tanto, al final de sus días, el fracaso de esta aventura.

Entonces el encuentro de *Segunder* y del capitán Bradmer era una esperanza, una embriaguez como nunca antes la había conocido. A mi pesar sigo pensando en el navío *Argos*, tal como lo hizo construir Minerva, dispuesto a zarpar hacia su viaje irreal. Un navío invencible, triunfante, que podía afrontar todas las tormentas, un navío lleno de poder divino. Hecho con las encinas de los «oscuros bosques de Pelion» y anchas tablas de pino escuadradas por Argus, curvadas y pulidas «a calor de un fuego moderado». Así se fabricaban los navíos en los astilleros de Port Louis, ajustando las tablas y dándoles la curvatura del estrave: goletas, tres palos, barcas, queches, o sencillos cachamarines. Evidentemente, el *Segunder* no debía de tener la esplendorosa belleza del navío *Argos*, navío de luz modelado por los dioses. Pero tal vez mi abuelo lo vio entonces, amarrado a los muelles del Port, contrastando con la sombra de los árboles de la Intendencia, tal como lo describe el poeta, «triunfante y con la popa dorada», cuando «el sol está en su ocaso». Tal vez pensó en el momento de la partida, cuando el *Argos* se alejaba por primera vez de la orilla,

como, apretando contra su seno los jóvenes tigres arteramente arrebatados a su madre que, por un instante, los había abandonado para buscar su alimento en el monte Amanus, el cazador huye rápidamente de los bosques que ha asolado y azuza a su caballo que tiembla bajo su dueño: así huye el bajel, y las madres, a lo largo de la orilla, siguen con la mirada las blancas velas y los escudos que fulguran bajo los rayos del sol, hasta que las olas cubren el mástil y la inmensidad del espacio oculta a la mirada el bajel.

¿Acaso no es ésta toda la aventura, esas velas que desaparecen tras la curva del mundo? En eso debía de pensar mi abuelo en aquel entonces: en ser el que desaparece, el que penetra en el oleaje.

El mar es, también, la promesa de muerte, la tormenta. Mi abuelo no podía olvidar el ciclón de 1892 que había asolado Mauricio y cubierto gran parte de la costa bajo la marea. El mar de las Indias era, también, el furor, la violencia de los elementos. Pero el *Argos* cruza todas las tormentas:

> El cielo está en llamas, ruge el trueno, la noche envuelve el espacio con espesas tinieblas. El remo se escapa de las manos. El bajel gira, presenta su flanco a los golpes de las rugientes olas. Un torbellino arranca la vela que flota por encima del mástil dislocado.

Pero tal vez fuera esa violencia lo que buscaba, la violencia que da la medida del hombre, que le coloca en manos de Dios. Cada vez que mi abuelo abandonaba su mundo lo hacía para encontrar el del viento, del mar, del rayo. Lo hacía para hallar el mundo donde brilla el sol sin abrigo, sin sombra. Cuando toca el otro mundo, en su quebrada de Rodrigues, todo vuelve a ser posible. La magia de la soledad puebla la tierra de fantasmas: Jasón se encuentra con el hijo del Sol, siente amor por Medea, combate a los Bébrices, los Myceles y los Hircanos, que son sombras. El *Privateer* es semejante al dragón que custodia el Toisón de oro, pero mi abuelo nunca lo encontró. Batido por los fantasmas, su navío *Argos* sólo le daba la nada, un vacío de sol, de viento, de mar. Así termina, cierto día, con la vida, la aventura, y se sabe que no hay ya nada que conquistar. Pero imagino que tras esos treinta años, navegaba en un navío de sueños, viajando por un mar sin límites, hacia islas donde cada roca era el signo de un tesoro. *Argos* el veloz, el ligero, el resplandeciente.

El bajel fatídico que, dirigiendo su singladura a través de engañosos escollos, se atrevió a bogar en busca del Fasis, en Escitia, y que halló por fin reposo en el Olimpo iluminado.

Pienso en el cielo nocturno que mi abuelo podía ver cada noche, antes de dormirse, en su campamento de la Ensenada de los Ingleses. Era el mismo cielo de Moka o de Rose Hill y, sin embargo, debía de parecerle muy distinto. Más puro, más limpio, con esa profundidad y ese fulgor que sólo dan los paisajes minerales, como si las rocas basálticas y los bloques de lava no hubieran ya preparado el regreso al espacio.

No había, en su soledad, nada que pudiera distraerle. Tras cada crepúsculo, la noche aparecía para él con su riqueza de estrellas. Éste era uno de los lugares más cercanos al cielo; ¿acaso no había sido elegido dos veces para observar el paso de Venus? ¿Es este cielo lo que tan a menudo me hace pensar en la aventura del navío *Argos*? ¿Cuántas veces debió de mirarlo mientras se levantaba en el horizonte, por encima de las colinas, al oeste de la Cruz del Sur? Alzando lentamente su popa, con la breve vela trapezoidal hinchada por el viento sideral, llevando a ambos extremos, como fanales, los fulgores de Canope y Miaplacidus. Navío eterno, guiado por Minerva y por Juno, y que parece derivar por la ruta sin fin que va de Sirio a la Cruz del Sur. La más hermosa constelación del universo, y no puedo impedirme soñar con la mirada de mi abuelo, en la minúscula hondonada de su Ensenada de los Ingleses, buscando tal vez en ella, noche tras noche, al regreso de aquellas jornadas tórridas y vanas, una suerte de apaciguamiento para sus insatisfechos deseos y el valor de ir más lejos en la persecución de su quimera.

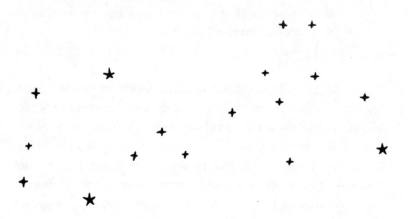

Lo que más me asombra de la aventura que vivió mi abuelo son tantas visiones en un espacio tan reducido o, por mejor decirlo, tantas locuras y quimeras expresadas con tanta precisión. Está el vacío del cielo, la llamada del mar, los pájaros, las hojas como sables de los vacoas, esa embriaguez de la piedra abrasada, del mar y del viento que forman Rodrigues. Arrecife más que isla, roquedal para los verdaderos dueños del mar, que viven a millares en los islotes que emergen del cinturón de coral, Gombrani, Isla de los Alcatraces, Baladirou, Cabris, el Cerro de Arena, la Isla Llana, Pierrot, Simon, Grenade: refugios para los pájaros bobos, las golondrinas de mar, las gaviotas, los albatros, los cormoranes, los petreles, las fragatas, los skuas, los fulmares, los chorlitos reales, todos los que antaño vivían libres en las riberas de Rodrigues y a los que la llegada de los hombres expulsó hasta los límites de la albufera. Isla continuamente amenazada por el mar, en la que el hombre no tiene ya ambiciones, en la que el hombre aprende a ser sólo él mismo, como en el desierto o en la tundra del Gran Norte.

Y frente a todo ello, la minuciosa búsqueda de mi abuelo,

sus mapas y sus apuntes, tan acabados, tan precisos, coloreados a la acuarela, anotados a pluma con una caligrafía tan pequeña que a veces es necesaria una lupa para descifrarla.

Escritos, planos del sueño. Pero en Rodrigues la realidad es ilimitada, invade incluso lo imaginario, mezclada con cifras, cálculos, símbolos, o huyendo con el viento hacia el horizonte devorador de pájaros, hacia el mar, hacia el cielo móvil, hasta la luz del sol o hasta los eternos fulgores de los astros.

Por la noche, en la habitación de hotel de la punta Venus, bajo la protección de la cortina de tul que he puesto ante la puerta a guisa de mosquitero, sigo mirando los planos dibujados por mi abuelo, el trazado de la Ensenada de los Ingleses. ¿Cuántas veces dibujó con un fino trazo de pluma los contornos de un valle que conocía de memoria? En los papeles que contenía el cofrecillo negro de mi padre encontré doce planos similares que señalaban con exactitud esa especie de cornucopia invertida, ese cono cuya extremidad se curva hacia la derecha, serpentea como un arroyuelo, se abre al norte hacia el mar, flanqueado a uno y otro lado por las difuminadas manchas de lápiz que indican las colinas y los contrafuertes montañosos. Los planos son sencillos, las indicaciones dibujadas con una caligrafía muy pequeña, legible sin embargo, que parece hecha para los ratones o los pájaros más que para los hombres.

Tales planos son hermosos, conmovedores, medio borrados ya por el tiempo, por todos esos años pasados en el exilio de Rose Hill y, luego, en la humedad chorreante de Vacoas, en el frío y la sombra de las viejas casas de decrépita madera, el abandono del fondo de arcas o cajones. Pero hay dos de ellos que son mis preferidos: uno, sin fecha, pero por su sencillez adivino que es uno de los primeros dibujos de la Ensenada de los Ingleses que hizo mi abuelo en su primer viaje, tal vez en 1902. En él se ve, como a través de un catalejo astronómico, un mundo sin nombres todavía, la embocadura del río ensanchándose hacia la marisma donde aparece una isla unida a la orilla por un banco de arena, isla que no está ya en los planos siguientes. El nacimiento del afluente venido del este, que corresponde a la forma de las dos quebradas que se hunden en el acantilado y que será, más tarde, el lugar más importante de la búsqueda de mi abuelo. Al oeste, los bulbos de las colinas y la oscura línea del acantilado que domina hacia el sur la corriente de agua. El río Roseaux que corre de sur a norte, mostrando cuatro estrangulamientos de los que nacen estanques con extrañas formas de víscera. Eso es todo. Ése es el primer aspecto del microcosmos en el que mi abuelo pasará tantos años, añadiendo, punto a punto, línea tras línea, la trama infinita de su imaginación y sus pronósticos.

El otro plano que siempre me gusta contemplar, y que me conmueve más todavía, comporta varias fechas, que van de diciembre de 1915 a octubre de 1918. No es el último. Mi abuelo siguió trabajando en sus documentos mucho tiempo después de haber realizado, en 1926, su último viaje a Rodrigues. Pero este plano de 1917 es, sin duda, el más significativo de su extraordinario trabajo, de todos esos años pasados intentando penetrar el secreto de aquel mundo. En este plano muy borroso ya, el trazado de la costa y del curso del río Roseaux apenas es visible, dibujado a lápiz azul claro sobre el papel amarillento. Aunque fantasmagórico, se asemeja a una humareda delgada y transparente. Lo que, pese al uso, sigue siendo visible es la increíble red de líneas que se cruzan sobre el esquema del valle, recubriéndolo de una multitud de puntos de intersección que dibujan, entre los ocho brazos de la rosa de los vientos, una extraña e inquietante telaraña. Todo ese mundo está ahí, limitado por los ocho ángulos que cierran el trazado de un círculo. Al pie del plano, el norte, la «marisma donde el mar culmina en las mareas del equinoccio», y una anotación a lápiz: mayo de 1919, *solución 13 al sudoeste*. En la parte alta del plano, al sur, otra anotación:

Agosto 1918. Punto. $\delta \, O \, N = 85°$
                        $O \, \delta \, O \, N = 20° \, 30'$

Algo más a la derecha:

Marzo de 1917
M/ *diagonal en la dirección*
de la cima del comendador
$\delta \, OM = 72° \, 30'$
OM = 259 pies
        franceses.

Al oeste, hacia lo alto del plano, esta anotación a tinta:

Diciembre de 1915
Solución Z (z)
$\begin{cases} 1° \, 30' \\ 209 \text{ pies franceses} \end{cases}$

tachada con un trazo de lápiz, con este añadido:

15-8-1918: *Solución* ⑤

En el ángulo noroeste, en la parte inferior del plano, una nueva fecha:

Agosto de 1918; septiembre, octubre. *Correcto.*

¿Por qué me conmueve tanto este plano? ¿Qué tiene que me produce vértigo? ¿Tal vez el enmarañamiento de líneas, trazando sus ángulos y sus rombos en el interior de la frontera circular donde vivió encerrado mi abuelo durante todos esos años? Semejantes a soles, a radiantes estrellas, los nudos aparecen más numerosos cada vez que miro el plano. El punto Z, al sur, el otro punto Z al sudeste, casi borrado. Dos estrellas al noreste, señaladas 1 y 3. El punto μ, en la intersección de las líneas este-oeste y norte-sur, allí donde mi abuelo hizo poner una estela con muescas grabadas con cincel. Otros puntos Z, al oeste, uno numerado 10, el otro 12. Una estrella al noroeste, señalada X, otra, R, otra al sudoeste señalada 5, otra señalada γ. Semejantes a ojos, estos entrecruzamientos de líneas ficticias son los ejes a cuyo alrededor se mueve la vida de este mundo, multiplicando en tales giros sus acechanzas y sus secretos. Pues los niveles se cubren unos a otros como las figuras de un calidoscopio, se transforman, se ocultan. Ya en los tiempos en que mi abuelo trabaja en el plano, calcula los ángulos y las líneas, la quebrada no tiene importancia. Está fuera del plano, excéntrica, apenas indicada, sirviendo de punto de encuentro para las rectas procedentes del sol 5 y del sol δ, como un rayo escapado del cosmos. ¿Exploró mi abuelo lo bastante la quebrada para estar seguro de que no hallaría otros escondrijos? Sin embargo, tras tanta labor, tras tantos años, no es ya realmente el oro del *Privateer* lo que busca. Es una especie de perfección en la realización de su plano, como una ley que estuviera oculta aquí y que él quisiera expresar, trazar sobre su papel. Lo que desea es hallar la razón de este lugar, su lógica, su verdad. Al limitar voluntariamente el campo de sus búsquedas a esa estrella de ocho puntas cuyos vértices se apoyan en los puntos S, E, N, O y sus simétricos, señalando la periferia del círculo, desde la base noreste de la marisma hasta el extremo sur del primer tramo del río Roseaux, y de la base del acantilado este a la base del acantilado oeste, un territorio de 715 pies franceses de diámetro, contando de acuerdo con la escala que da, no quiere probar la realidad del tesoro, sino otra realidad, otro tesoro. Tal vez sea (¿podrá perdonarme la frase grandilocuente?) la armonía del mundo.

Día tras día me siento cada vez más atrapado. Desde el principio, cuando divisé el valle de la Ensenada de los Ingleses desde lo alto de la punta Venus, supe que nada me sería dado. Paisaje de piedra negra, donde la luz hiere y el viento abrasa. Paisaje de eterno rechazo. ¿Qué iba a darme, a mí, llegado de mi siglo de vanidad y comodidad, cuando no había dado nada a un hombre de un tiempo más duro, más auténtico? Ese paisaje sólo ha podido abrirse una vez, para el viajero de un siglo que se le pareciera, un siglo de aventura, de guerra, de embriaguez, de quimera, el siglo de los grandes marinos y los grandes soñadores, el siglo de las revoluciones. Mi tiempo no está a la misma altura, y lo supe cuando llegué a la isla, cuando encontré esa luz, ese viento, esas piedras negras.

Sin embargo, la isla me dice otra cosa, me significa otra cosa que aún no puedo aprehender por completo. Me anuncia algo, como un hecho todavía oculto de mi vida, como un signo para el porvenir, no lo sé. Algo arde aquí, bajo la piedra, en el fondo de mí mismo. Algo habla aquí, en el viento que resbala por las paredes de basalto, para decirme lo que está en mí. Algo brilla por todas partes en la luz, brilla y se escabulle, como un movimiento de danza, un gesto, una actitud.

Ahora, vagando por el lecho de este río con los planos de mi abuelo en la mano, el impermeable enrollado en mi mochila, con provisión de agua y de galletas, papeles y lápices, solo en medio de los bloques de lava y los vacoas, creo haber olvidado por un instante quién soy, de qué tiempo, de qué mundo. Buscando los signos grabados en las piedras, mi corazón saltaba cada vez que descubría un trazo, una marca, caminando en línea recta, instintivamente, hacia la quebrada donde mi abuelo pasó tantos años de su búsqueda, ¿soy todavía yo mismo? ¿O cómo puedo buscar ese tesoro que es sólo espejismo, escrutar el valle en busca de trastornos en el terreno, evaluar el trabajo de zapa de la erosión, el desgaste del viento y de las brumas del mar? El que busca oro debe, primero, olvidarse a sí mismo, convertirse en otro. El oro ciega y aliena, el oro dilapida sus fulgores en la nada. Aquí, en el fondo del valle árido, en la quebrada donde mi abuelo excavó y buscó durante tanto tiempo, donde el aire pesa y abrasa como en el fondo de una grieta, algo turba la inteligencia, enloquece los sentidos. Recuerdo ahora la historia que me contaba un indio de Manene, en la selva del Darién panameño, acerca de aquel americano obsesionado por la búsqueda del oro a quien le habían hecho beber una dosis de jugo de datura: enloqueciendo de pronto, corría desnudo a través del poblado, tomando en sus manos la gallinaza que brillaba a sus ojos como el oro. Aquí, como en el Darién, es cierto, me parece haber llegado a un extremo del mundo, a un callejón sin salida. Es el oro, o la soledad, o tal vez esa tierra contra la que se rompió el deseo de los hombres porque era más estéril que ellos mismos.

* * *

Volviendo a mirar el legajo de documentos que provienen de mi abuelo —cartas, mapas, planos, esquemas, mensajes codificados y criptogramas, y, más misteriosos todavía, esas inscripciones y esos cálculos que mi abuelo añadió al margen—, me asombra comprobar los seres y los actos que su búsqueda implica, como si se tratara realmente de una historia paralela a los recuerdos de nuestro mundo.

¿Partió al azar? ¿Fue una intuición lo que le guió hacia Rodrigues? Poco a poco, como en toda creación, los hechos de lo cotidiano, las reflexiones, las anécdotas se unieron al mito del tesoro, se mezclaron, injertándosele, le transformaron. Cada elemento nuevo en su búsqueda se convertía en un instante del mito. Los más fugaces acontecimientos se preñaban, entonces, de un sentido profundo, se amplificaban, una piedra, la proyección de una sombra, una señal en la roca, o la posición de una montaña, de un pico, la altura de un acantilado, el camino de la erosión en las laderas de las colinas, la situación de un árbol, todo hablaba, tenía un sentido, una ausencia. Eso es, creo, lo que me turba aquí, en la soledad de este valle: el sentido oculto que mi abuelo supo descubrir, que, entonces, convertía cada parcela de este lugar en algo ardiente y verdadero.

¿Qué había en aquel tiempo que yo no puedo encontrar por completo? Entonces todo hablaba, todo tenía un sentido. Entonces, cuando el sol se levantaba por encima de las colinas, junto a la Cima del Comendador, o cuando el cielo de mediodía estaba vacío y brillante por encima del mar, o también cuando el viento se lanzaba por el embudo de la Ensenada y subía hacia el fondo del valle silbando sobre los bloques de basalto, en las ramas de los matorrales espinosos, eran momentos brotados de la eternidad, momentos de exaltación en los que mi abuelo sentía otra vida, otra realidad.

Entonces, sí, para él, todo hablaba, todo tenía un sentido, y él era el único en comprenderlo. La soledad y la dificultad de aquellos viajes a Rodrigues le concedían ese saber. Aquí, en este paisaje endurecido, impenetrable a la mirada, casi mortal, hostil a toda vida humana, él recibía esta comunicación excepcional. Fuera de allí, ¿a quién le importaba? ¿No era locura su obstinación en buscar ese quimérico tesoro? Único en conocer la verdad, único en buscar su camino: con el espíritu, no fijo, sino tenso, dispuesto sin cesar a recibir lo que viniera de ese otro mundo en el que había depositado toda su esperanza, hasta sacrificar felicidad y reposo. Sí, tal vez una locura, como la de los hombres que, en aquel mismo tiempo, deseaban atravesar el desierto, ir a Tombuctú, llegar a los lugares sagrados del Tibet. Locura que mantuvo a ese hombre alerta en este punto del globo, esta ensenada ignorada de una isla perdida en el océano Indico, mientras, lenta, inexorablemente, el resto del mundo se preparaba para la terrible tempestad de guerra.

Ahora, errante tras de sus huellas, intento en vano percibir qué le hablaba aquí, sólo a él, qué le decía cada una de estas piedras, cada uno de estos bloques de lava, cada aspereza del suelo, el dibujo de los afluentes secos en la arena del río Roseaux. A veces, ante el sombrío brillo de una piedra, o ante una fractura en forma de triángulo, creo percibir algo, un rumor, una llamada, un estremecimiento... Es como un grito lejano que subiera en el viento y se borrara. Luego regresa el silencio, esa fuerza que se apoya en el valle, que deposita una amenaza en cada forma, en cada sombra. El silencio que exilia.

Esos documentos, todas esas ramificaciones que mi abuelo añade al mito del tesoro, no son extraños a Rodrigues. Son, en cierto modo, la génesis (su génesis) de la Ensenada de los Ingleses, su primer reconocimiento del lugar, los nombres que dará a cada parcela de este paisaje para hacerla suya, para darle un sentido. Cuando desembarca por primera vez en la Ensenada de los Ingleses es, efectivamente, el primero y está solo, como Robinson. Salvo dos o tres granjas ocultas en los vallecillos que dominan la ensenada y los edificios de la Cable & Wireless en la vertiente este de la punta Venus —invisibles desde el fondo del valle—, no hay nadie alrededor, sólo los chotos medio salvajes de los *manafs* de las montañas, y los escasos niños negros que se aventuran por el limo del estuario para pescar los pequeños cangrejos plateados que aquí llaman «es culpa mía» (porque con las pinzas imitan el gesto del *mea culpa*).

Solo en el valle, o en compañía del viejo Ange Raboud, el «gallo», de Sylvain Bégué, de Adrien Mercure (todos «difuntos») y, ya al final, del joven Fritz Castel (al que imagino, entonces, como un joven negro salvaje, asustado y atraído al mismo tiempo por el trabajo de agrimensor y sepulturero al que se entregaba mi abuelo en el fondo de este valle), tiene que reconocerlo todo, denominarlo todo. Los planos que elabora, año tras año, desde 1902, los mapas que establece sobre el mapa del Almirantazgo británico, y que colorea a la acuarela, tal vez en el refugio que construyó en medio del valle para las horas en las que el sol abrasa, los esquemas donde aparecen las redes de líneas, los ángulos, los relieves, los círculos y las elipses que pretenden hacer caer en la trampa su quimera —los complicados cálculos, las anotaciones, las listas de jalones—, todo esto es su reconocimiento del lugar, la marca de su paso, su calendario tal vez. No se trata de una toma de posesión: la Ensenada de los Ingleses es un lugar que no puede ser poseído, aun cuando mi abuelo, después de la guerra, para facilitar sus trabajos de búsqueda, decidiera comprar al gobierno inglés varios arpendes de tierra a uno y otro lado del río Roseaux. Esta escritura no es una apropiación. Es semejante al lugar que describe: minuciosa, precisa, secreta. La Ensenada de los Ingleses no es una tierra para los hombres. En los planos de mi abuelo se parece, más bien, a una vista del planeta Marte, ocre rojizo, desértico, surcado por meridianos de sueño, con manchas de humedad incomprensibles, móviles, y el indeciso curso del río Roseaux semejante a los canales que antaño creyó ver el astrónomo Schiaparelli.

Documento procedente del «Capitán Albert» (que, precisa mi abuelo, se lo habría sustraído a un notario de las Seychelles), documento idéntico al que figura en la colección del Corsario Nageon de l'Estang:

Para una primera marca una piedra de mñq.
Tomar la 2° V. Allí hacer Sur. Norte un guijarro igual.
Y del manantial Este hacer un ángulo como un arganeo
La marca en la playa del manantial.
Por una marca $\frac{|e}{o|}$ pasa a la izquierda.
Por allí cada uno de la marca Bn She
Allí frotad contra el paso, tras lo que hallaréis lo que pensáis.
Buscad :: S Hacer × 1 do - m de la diagonal
en la dirección de la Cima del Comendador.
Tomar N Norte 24° B - 39 paso 2° Sur
2° Lt Sur b^2 - 39
Hacer allí 3 toesas L 9 - SS Norte x –
Pie 56 Norte 2° jcd
52 Pies 2 - S
9 Pies × - 28
Allí. H 26 pies H 8 pies 2° Sur

Norte 26 - 55 Pies
45 C - Este.

Intento de interpretación (escrito en 1903, corregido en 1906):

Para un primer paso (marca) tomar una piedra muñequera (mñq) (es decir, una piedra agujereada). Tomar la 2ª V. Allí hacer Sur Norte hasta un guijarro igual (es decir, una piedra agujereada como la primera). Y del manantial este hacer un ángulo recto como indica un arganeo en la playa del manantial. En 1 $\frac{lc}{ol}$ de la izquierda pasa (en una marca $\frac{le}{ol}$ pasa a la izquierda —¿no sería mejor $\frac{lv}{ol}$: V, Z invertida y O como en el plano gráfico?—). Pasa a la izquierda, es decir, pasad a la izquierda de la línea trazada en ángulo recto más arriba.

Por allí (es decir, a la izquierda de esta línea) haced cada uno de la marca ($\frac{lv}{ol}$) los puntos B, n, S, h, e (¿no será h un error del copista? X o x parece más probable). Del mismo modo, c puede ser un error para la letra superior del jeroglífico $\frac{lv}{ol}$. Entonces sería v o u. En consecuencia tendríamos BnSxv. Letras mayúsculas separan en dos este grupo: Bn y Sxv, como para indicar que deben trazarse las líneas pasando por estos dos grupos. La línea Bn desemboca en el «montón de piedrecitas colocadas» marcado en el criptograma :: contra la «gran piedra grabada» en el plano gráfico. Hay, es cierto, otra línea Bn, B en la desembocadura del manantial y n en el extremo sur. (La línea Sxv y esta línea Bn se cortan en X.) Allí (es decir, en el punto x) frotad contra el paso (el paso, el «primer paso», es decir la primera marca. Frotad contra el paso, es decir, trazad una línea que roce esta marca. En efecto, la línea Vx prolongada en el plano gráfico pasa muy cerca de esta marca) y encontraréis lo que pensáis.

Buscad :: (la línea Vx llega a la piedra marcada con cuatro agujeros adosada a la gran piedra grabada, al igual que una de las líneas Bn llega al montón de piedrecitas colocadas señalado en el plano gráfico). S hacer x d 1 - 0 m de la diagonal en la dirección de la Cima del Comendador. (Hay aquí algo oscuro. La

74

«Cima del Comendador» es sin duda la protuberancia de la montaña que al S.O. comanda [domina] la bahía.)

Sean cuales sean los errores de estas copias, que tan difícil hacen la explicación, parece desprenderse de un modo bastante claro que todos estos datos tienden a llegar a la piedra marcada con cuatro agujeros (::). En los otros documentos, por otra parte, no se menciona, salvo esta frase: Buscad ::.

Son, por lo tanto, estos dos mensajes de sentido oculto, y un plano esquemático (el que tenía el señor Savy en las Seychelles) los que hicieron nacer ese mito en el espíritu de mi abuelo. Además, existió su genial intuición de que todos esos mensajes no se referían a las Seychelles (a Frégate, donde el señor Bernard, pariente o aliado de los Savy, en un artículo publicado por el *Keepsake mauricien* de 1839 situaba la leyenda del tesoro de los piratas del océano Indico), ni a la isla Mauricio (la famosa sociedad por acciones de Klondyke, que buscaba el tesoro de Flic en Flac, y que a mi abuelo le importaba un pepino), y eso bastó para alimentar su sueño durante esos treinta años. Mi abuelo describe, en 1914, mientras el mundo se dispone a caer en el horror de la guerra:

Tras haber conocido, por casualidad, una copia del plano de la isla del tesoro, me impresionó a primera vista la extraña semejanza de tal isla con Rodrigues [...]. La orientación, la forma del conjunto y los puntos sobresalientes de las costas son otras tantas pruebas de que la isla descrita a grandes rasgos por el plano es, efectivamente, Rodrigues. El puntillado que indica la curva de los arrecifes al N.E. de la reproducción exacta de la rada y el paso de Port Mathurin, como, al S.E., el canal representado por la línea continua coincide con la entrada del «Puerto del Sudeste». La «Altiplanicie» indicada al N.O. en el plano puede también advertirse en el mapa de Rodrigues.

Hasta aquí, sin embargo, podría admitirse una simple coincidencia, en exceso curiosa por otra parte. Pero hay más todavía:

al buscar en el apunte de Rodrigues realizado por Hobbs en 1900, a qué pueden corresponder los cinco puntos de orientación que figuran en el plano, se ven, en las mismas posiciones respectivas, cinco picos de montañas. Los tres hitos en línea recta del plano son, partiendo de la costa, en el apunte de Hobbs, el monte Charlot, el Bilactère, y el pico de los Cuatro Vientos. Los otros dos, al bies, son el Diamante, en la costa, y el monte Malartic, en el interior. Además, la bahía comprendida entre las dos paralelas en el documento coincide con la bahía Lascars o la bahía Inglesa en el mapa de Rodrigues. ¿Sería, después de todo, lógico cargar en la cuenta del azar lo que constituye una indiscutible prueba de identidad?

La quebrada

Hacia ese lugar me vuelvo cada vez que llego al fondo del valle. Vista desde arriba, desde la arruinada torre de la Atalaya del Comendador, o del punto O donde descubrí el primer signo del arganeo, la quebrada parece una nadería. Apenas una grieta en el oscuro farallón, parecida al cono de alimentación de los arroyos o a esos desmoronamientos de rocas al pie de los acantilados. Sin embargo, cada vez que me acerco siento emoción. En el silencio de este valle, en medio de este paisaje extraordinariamente mineral, abrupto, la quebrada abre una especie de puerta secreta que atrae mi mirada como la entrada de una gruta, pero de la que hubiera desaparecido el temor a las sombras. Me es fácil comprender por qué mi abuelo dirigió hacia este lado la mayor parte de sus búsquedas. Me es fácil comprender cómo pudo vivir en esta brecha, mes tras mes, año tras año, fijando aquí todos sus pensamientos y todas sus miradas. La quebrada es una fisura naturalmente abierta en el grosor del acantilado basáltico, un golpe de sondeo que ningún hombre hubiera podido asestar. El agua, chorreando siglo tras siglo, el agua de los huracanes y las tormentas marinas, pero también el agua impalpable de la humedad cotidiana que desgasta y roe gota a gota; el agua de la vida lo hizo.

La primera vez que vi la quebrada comprendí que ése era el lugar más importante del sueño, el centro de la búsqueda de mi abuelo. Él mismo dice pocas cosas. Entre el momento en que descubre la quebrada, en 1904, y el momento en el que renuncia a llevar más lejos sus investigaciones (desalentado más que fatigado por la edad), hacia 1927, sólo menciona la quebrada una vez en sus escritos, para explicar por qué el desconocido corsario la había elegido como escondrijo para su fabuloso tesoro. Curiosamente, sólo habla de ello en 1908, en un pequeño fascículo impreso en Mauricio y titulado *Documentos relativos al tesoro de Rodrigues*, destinado sin duda a ser distribuido entre todos los que habían seguido y alentado su búsqueda (especialmente los miembros de la sociedad de Klondyke). Más curiosamente todavía (aunque eso pueda explicarse a causa del secreto que rodea por fuerza ese tipo de empresa), habla de ella cuando tiene la certeza de que la quebrada no contiene ya el tesoro, porque el escondrijo que ha descubierto está vacío. No por ello, sin embargo, la quebrada deja de ser el centro de su sueño. Por el contrario, al haber tenido así la prueba de que su pista era buena y su interpretación de los documentos criptográficos acertada, eso significa para él una satisfacción que vale todo el oro del mundo y le consuela de su semifracaso. El tono frío y preciso del folleto no logra ocultar por completo el sentimiento de exaltación que en aquel momento le anima. Y es, sobre todo, la quebrada lo que le conmueve, esa «ingeniosa sencillez» del escondrijo «que corre, por completo, a cargo de la naturaleza».

Entonces la quebrada se convirtió en el lugar de encuentro de todas las líneas que unían entre sí los hitos del plano general del valle: línea procedente del norte del círculo, pasando por los dos signos del arganeo (al este y al oeste), línea trazada de o, de los hitos 12, 18, 21, o prolongación del alineamiento de los puntos 22, 23, 86, 88, o los hitos B, x; esta trama (superpuesta a las líneas de la plantilla dejada por el desconocido corsario) dibuja entonces una especie de figura cabalística cuya geometría evoca cierto equilibrio secreto, donde se combinan los ángulos, los cuadrados y el círculo que limita el territorio de la Ensenada de los Ingleses. Reducida a su más simple expresión, se lee así:

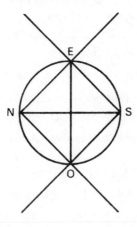

donde sólo los puntos extremos serían significativos.

Mi abuelo decidió, pues, consagrar su búsqueda, su existencia, a uno de los puntos extremos de este esquema. En el fondo de esa quebrada excavada en la colina este, en un lugar apenas más ancho que una galería de mina, a una profundidad de ocho a diez metros, cava, mide, sondea, escruta el suelo pulgada a pulgada. Descubre, en la colina, por encima de la quebrada, frente a la orilla oeste donde se encuentra la *M* mayúscula, bajo un «tronco de olivo secular», dos gruesas piedras. Una lleva una marca trazada con un formón, «signo evidente —piensa mi abuelo— de que es preciso detenerse ahí». La otra piedra, oculta bajo la primera, lleva también una marca de cincel «que indica una dirección ladera abajo de la vertiente noreste de la colina».

Esta dirección —prosigue mi abuelo— llega exactamente al fondo del callejón sin salida en cuestión. En la vertiente que hace frente a ese callejón sin salida se encuentra una piedra colocada oblicuamente y *calada* en esa posición. Su cara superior lleva un dibujo en vaciado, en forma de herradura, idéntica a la forma del callejón sin salida. Entre ambas piedras con marcas y la herradura se halla una gran piedra fija que lleva, en uno de sus flancos, una muesca muy clara, en forma de canalón, hecha con cincel, y destinada sin duda a indicar la cercanía del mismo depósito o de indicaciones definitivas.

Puedo imaginar, leyendo estas líneas, todo lo que mi abuelo no dice: su corazón latiendo con fuerza mientras avanza de hito en hito, escalando la escarpadura de la quebrada con la ayuda de los arbustos espinosos; la quemadura del sol en la roca basáltica, el ruido del viento en las asperezas, el soplo cálido que brota del fondo de la quebrada, el peso de las piedras que desplaza mientras el polvo negro corre y llena los intersticios de la roca.

Como pude comprobar —escribe mi abuelo—, el depósito realizado en este lugar ha sido extraído. Es poco probable, sin embargo, que lo haya sido definitivamente, y ello por la siguiente razón: puesto que Inglaterra tenía un interés vital en capturar y destruir a los corsarios que suponían un serio perjuicio a su comercio, fue estrechando cada vez más el cerco de su vigilancia en el mar de las Indias. Es difícilmente admisible, pues, que el corsario en cuestión se haya arriesgado a cruzarlo con un botín tan considerable como el que menciona. Admitir esta prudencia de su parte es reconocer que tuvo que tomar las medidas necesarias para poner a buen recaudo su tesoro, a la espera de que tal estado de cosas finalizara, y el mejor modo de ponerlo a buen recaudo era ocultarlo en un lugar imposible de descubrir sin un plano y una clave. Que es, en suma, lo que hizo.

Mientras estoy aquí, en la quebrada, ante ese muro de piedra negra en el que todavía son visibles las huellas de los golpes asestados por mi abuelo, siento realmente lo que debió de ser su sueño, su pasión, su obsesión. ¿Cómo pudo permanecer aquí, como prisionero de esta piedra, lejos de los hombres, lejos de su familia, sin dulzura ni reposo, con esta muralla como un horizonte, con esta luz al fondo del pozo como único cielo, con el sol abrasador de mediodía y la sombra que va cayendo, en el color acre del polvo de lava, en el estridente ruido de las *sand-flies*? ¿Cómo pudo permanecer ahí, día tras día, dirigiendo sólo, cuando llegaba la noche, antes del sueño, algunas palabras a los negros rodrigueses, alrededor del fuego, a Ange Raboud, a Adrien Mercure (su *foreman* en 1907-1908) y tal vez al joven Castel? Luego, la noche fría y solitaria bajo el refugio de palmas, en la humedad del valle, escuchando la molesta danza de los mosquitos y los inquietantes ruidos de los cangrejos terrestres. ¿Cómo pudo vivir ahí, junto a la quebrada, sin pensar en el éxito, sin creer en el porvenir?

Pero cuando tiene la certeza de que el escondrijo está vacío, mi abuelo no se desespera. Para él es la prueba de que el corsario regresó, y si regresó lo hizo para hallar un segundo escondrijo, tan difícil que nadie más que él pudiera encontrarlo. Entonces nació en el espíritu del filibustero la idea de un plano, de una plantilla que permitiese a quien la poseyera hallar el segundo escondrijo. Este plano, nacido en la quebrada, a pocos metros del callejón sin salida y de la piedra en forma de herradura, es la verdadera pasión de mi abuelo, su fe en el porvenir. Este plano fue concebido en la prisión de esa hendidura abierta en la roca basáltica, en el silencio y la soledad de este lugar donde cualquier vida parece lejana, casi imposible.

La elección, para este plano, de una orientación *ne varietur*, la del verdadero Norte, que siempre puede encontrarse exactamente, indica que no tenía esperanzas de regresar pronto. Las dificultades que acumuló en el plano permiten ver, además, que temía que pudiese caer en otras manos a consecuencia de circunstancias fortuitas. Este documento, que hoy tenemos que explicar, indica el nuevo lugar donde el tesoro fue definitivamente escondido en aquella época.

Este segundo viaje del corsario es el que determina la vocación de sueño de mi abuelo. La intuición que tiene, en 1908, en el fondo de la quebrada, cuando ante el primer escondrijo vacío comprende que aquello es sólo el punto de partida de una nueva búsqueda, infinita por decirlo de algún modo, en la que el juego de las líneas y los ángulos medidos con teodolito trazan el dibujo de una constelación desconocida en la que a cada instante aparecerá un sentido nuevo. En la que cada punto remite a su contrario, a su lugar virtual, como si del fondo de la quebrada, siguiendo el misterioso dibujo del corsario, hubiera nacido todo el valle, piedra a piedra, creado en un juego sin límites. Sin objetivo también, camino que cruza y divide sus itinerarios, enigmático, vano recorrido de un espacio que el espíritu humano no puede bastar para reconocer.

La quebrada: por la noche, lugar sombrío, hostil. Por la mañana, fría todavía, y en las desgastadas rocas, en los esquistos podridos por el tiempo como en Pachacamac, la humedad de la noche perla gota a gota, construye una nube invisible, un aliento. A mediodía, cuando todo el valle se abrasa al sol, el fondo de la quebrada permanece fresco, pero con una frescura húmeda que mana de la tierra y no calma la quemazón del cielo. Y es, sobre todo, a media tarde cuando la quebrada es difícil. Me siento entonces al abrigo del gran tamarindo que ha crecido en el lado derecho de la quebrada, junto a la entrada, aguardando que el sol se oculte tras las colinas. El calor y la luz entran en aquel momento hasta el fondo de la quebrada, iluminan cada pulgada de terreno, cada rincón, saturan la roca negra. Tengo la impresión de que por esta herida el torbellino de luz penetra en el interior de la tierra, se mezcla con el magma. Permanezco inmóvil, la piel de mi rostro y de mi cuerpo arde pese a la sombra del tamarindo.

Entonces siento perfectamente la presencia de mi abuelo, como si estuviera sentado ahí, a mi lado. Estoy seguro de que está sentado aquí, en esta roca plana entre las raíces del tamarindo. ¿Qué edad puede tener el árbol? ¿Setenta años? Más de cien tal vez ¿Quién sabe? En las fotografías (algo amarillentas) que acompañan la *Aproximación histórica* escrita por mi abuelo en septiembre de 1914, se distingue, en una vista general de la Ensenada de los Ingleses tomada desde la desembocadura del río Roseaux, el inicio de la quebrada. En aquella época, los árboles eran más numerosos que hoy, en el glacis de las orillas y en el fondo del valle, acacias, tamarindos, enebros. El tamarindo bajo el que estoy sentado no era, sin duda, por aquel entonces, más que un árbol joven, sin demasiada sombra. Pero su situación, a la entrada de la quebrada, lo convertía ya en el refugio soñado al finalizar el día. Por otra parte, no necesito realizar demasiados esfuerzos de imaginación para sentir la presencia de mi abuelo, aquí, cuando el sol declina. Me parece percibir su mirada que escruta cada cara de la roca con la esperanza de ver surgir algún signo nuevo a la luz estremecida. A la entrada de la quebrada, el farallón está cubierto de una hierba corta, de color leonado, que disimula los huecos del suelo. Mi abuelo está, pues, sentado en esa piedra plana, de espaldas a la quebrada, mirando al estuario. Tiene, como siempre, un cigarrillo (de tabaco inglés, su único lujo verdadero) entre el pulgar y el medio, en horizontal, como un lápiz, cuya ceniza sacude de vez en cuando. Su demacrado rostro está abrasado por el sol, sus ojos azul oscuro se entrecierran bajo la luz que reverbera en las rocas del valle. Sus cabellos largos, de un castaño muy oscuro, caen hacia atrás y la parte baja de su rostro se oculta tras una romántica barba. ¿Qué edad tenía entonces? En 1907 no era ya un joven, pese a su delgadez y su rostro limpio todavía y sus muy abundantes cabellos. Debe de estar cerca de la cincuentena. Sus dos últimos hijos (gemelos, uno de ellos mi padre) han nacido en 1896 y tienen, entonces, once años. El mayor debe de tener ya la veintena. Me cuesta imaginar a este hombre, vestido como un buscador de oro —pantalón de tela gruesa, botas manchadas de polvo, camisa abierta, sin cuello, arremangado, cubierto con el sombrero de paja de los manafs—, con todo el peso de sus responsabilidades de buen ciudadano (británico) y de padre de familia. Más me cuesta, todavía, imaginarle en el palacio de Port Louis, tocado con la peluca de juez y vestido con la amplia toga negra y roja. El hombre cuya presencia siento aquí no tiene edad, ni raíces, ni familia; es un extranjero en el mundo como, sin duda, lo era el corsario cuyo rastro busca. ¿Es realmente mi abuelo? No haber conocido de él más que algunas fotos y ese legajo de documentos, planos y mapas me acerca, curiosamente, más a él. Nada de su vida real le oculta, nada le distrae de su búsqueda. Está todavía aquí, en la entrada de la quebrada, acechador eterno, guardián, sin saberlo, elegido por el corsario para velar sobre su dominio, para amarlo y vetarlo por siempre jamás.

Sin embargo, la quebrada ya no es la misma. El tiempo la ha cambiado, la erosión la ha disminuido, suavizado, colmando poco a poco el fondo. Cuando mi abuelo la descubre, en 1904, es todavía un verdadero torrente seco que muestra, claramente, la existencia de un antiguo manantial, el manantial indicado por un viejo tamarindo del que hablan los documentos relativos al tesoro. Sus paredes son todavía netas, el lecho de la antigua corriente de agua es visible, al igual que el «cerrojo» formado por las piedras aluviales. Además, precisamente a causa de la descripción hecha por mi abuelo, vacilé al reconocerlo. La «herradura», el «callejón sin salida», los trazos del plano no correspondían a lo que yo estaba viendo. Yo veía una torrentera desplomada, desgastada por el viento y por el agua, obstruida por la maleza. La segunda quebrada, que mi abuelo apenas indica en los planos, y que se abre algo más arriba, me parece hoy más digna de atención. Sin embargo, mientras avanzo por primera vez por el fondo de la quebrada experimento una emoción: aquí es, no puedo dudarlo, aquí y en ninguna otra parte. Veo lo que he venido a buscar realmente en Rodrigues: las huellas visibles de aquel hombre, que permanecen evidentes gracias al milagro de la soledad: golpes en las paredes, hacia el fondo de la quebrada, que han abierto heridas en el esquisto, desprendiendo los bloques de lava. Huellas de escalada en el muro del callejón sin salida, rudimentarios peldaños excavados en la roca, que serpentean hasta lo alto de la colina, hacia la piedra que lleva una ranura en forma de canalón. Y, sobre todo, el pozo cavado en el fondo de la quebrada, en el callejón sin salida.

Hoy el pozo está cegado. Con gruesos bloques de lava, tierra, arena y maleza. Pero se distingue claramente su redondo orificio, círculo negro en la tierra de color leonado. Es el primer «escondrijo» descubierto por mi abuelo, el que revigorizó su búsqueda por veinte años más. Retrocediendo hacia la entrada de la quebrada, veo multiplicarse las marcas: agujeros de tanteo horizontales en las paredes que se desmenuzan y que, en algunos lugares, han provocado el derrumbamiento de placas enteras. El «cerrojo» natural no está ya en su lugar. Pero el desorden del terreno de los alrededores, algunos bloques de calcita blanca arrojados hacia la parte baja del valle, muestran el enorme trabajo que realizó mi abuelo. Para que ningún indicio falte, deshizo el cerrojo, esparciendo a lo lejos las rocas que lo componían. El paraje del segundo «escondrijo» descubierto por mi abuelo es menos neto. Algunos arbustos han crecido en los flancos de la quebrada, junto a la entrada, aprovechando tal vez la tierra muelle que mi abuelo extrajo, o la humedad de la excavación.

Esas huellas de golpes, esos antiguos agujeros cegados, esas zanjas, esos sondeos me conmueven como si fueran ruinas. Son los vestigios de una actividad perdida, de una vida perdida. Siguiendo paso a paso estas huellas tengo la impresión de retroceder en el tiempo, de derribar el orden mortal. Pero bueno, ¿no es eso demasiado grandilocuente? Sí, y sin embargo estoy seguro de que, efectivamente, se trata de eso. Aquí, en el fondo de esta quebrada está la muerte. Agua muerta, piedras abrasadas, esquistos podridos, matorrales espinosos que cierran el paso: la quebrada se parece a la puerta del Hades. En el valle se escucha el ruido del mar, el viento, los gritos de los niños a lo lejos, al otro lado de las plantaciones de cocoteros. Se ve el cielo, las nubes, se es libre de pensar en otra cosa, de olvidar. Pero aquí se está encerrando en la propia locura, vuelto hacia la piedra, hacia lo estéril, lo infranqueable. El sol abrasa, el viento hace que el polvo ocre y negro se deslice hacia el fondo de las grietas, las hierbas secas son un vello muerto. A la entrada de la quebrada, cada vez que me he acercado a esta hendidura, he sentido un estremecimiento, esa especie de instintiva repulsión que me producen las grutas. Sólo al encontrar las huellas del hombre que llegó aquí antes que yo, al descubrir los signos que dejó, esos signos de sufrimiento, de esperanza, de ilusión, me decido a entrar en la quebrada. Me parece que, entonces, toco el corazón mismo de esta leyenda, el lugar más cargado de sentido y de misterio. Me parece que, aquí, cada parcela de tierra y de roca, cada relieve del suelo, cada herida en las paredes de piedra tienen un significado que resuena en el fondo de mí mismo. Me parece que he llegado ya muy cerca de aquel a quien busco, tan cerca que escucho su voz, el ruido de sus pasos, tan cerca que siento su mirada, su aliento. En esta zanja vacía, cuando el sol de la tarde abrasa mi espalda y hace brillar mi sombra en el fondo de la quebrada hasta el círculo negro del pozo cegado, tal vez, por fin, mi abuelo y yo somos uno y nos hemos unido no por la sangre o la memoria, sino como dos hombres que tuvieran la misma sombra.

También el lenguaje es un misterio, un secreto. Todos esos años que mi abuelo pasa en el encierro de la Ensenada de los Ingleses, en Rodrigues, no los pasa sólo cavando agujeros en la tierra o buscando marcas que le lleven a la quebrada. Inventa también una lengua, una verdadera lengua con sus palabras, sus reglas gramaticales, su alfabeto, su simbólica, una lengua para soñar más que para hablar, una lengua para dirigirse al extraño mundo en el que ha elegido vivir. No es una lengua para hablar con sus contemporáneos, aunque a veces sienta deseos de hacerlo, tal vez para descargarse de su propia inquietud, de revelar algunos secretos en sus escritos, para quienes más tarde puedan interesarse en ellos. No, no es una lengua hecha para sus contemporáneos, la avara y conformista burguesía de Mauricio. Es una lengua para hablar al tiempo pasado, para dirigirse a las sombras, al mundo desaparecido para siempre, del tiempo en que la luz brillaba tan fuerte sobre el mar de las Indias, y del que sólo el silencio mineral de Rodrigues ha sabido conservar, por el milagro del desierto, ese rastro visible todavía más allá de la muerte.

No hay arqueología sin escritura, puesto que, sin esos signos medio borrados que rodean las tumbas y las ruinas, los más hermosos monumentos de los hombres no serían distintos a montones de guijarros. Estas huellas son las que busca mi abuelo, hasta olvidar el verdadero objetivo de su investigación, hasta olvidarse a sí mismo. Con estas huellas elabora, año tras año, el lenguaje del corsario desconocido, se esfuerza por encontrar su código, sus trampas, sus juegos de palabras, sus símbolos. Recogiendo brizna a brizna los restos de esa lengua rota, reconstruye el pensamiento del navegante desaparecido, sigue su camino, marcha sobre sus huellas, con una obstinación y una inteligencia que brillan en todos los textos que escribe, y que el espíritu crítico de sus contemporáneos (los negociantes de Rempart Street, para quienes todo es sólo una pamplina) considera sin duda dignos de mejor empleo. Esta inteligencia y esta obstinación que viven todavía ahora tras tanto olvido, cuando incluso la fiebre del tesoro se ha extinguido y toda esa búsqueda ha caído en una especie de pintoresquismo vagamente nove-lesco que es, tal vez, peor que el olvido.

Este lenguaje que inventa (la palabra de su mito), no es, sin embargo, imaginario. Lo descubre al azar de su búsqueda, primero (hacia 1901) en los grimorios que circulan en gran número por Mauricio entre todos aquellos a quienes intere-sa la idea de un tesoro: jirones de cartas, fragmentos de testamentos, mapas desgarrados, comienzos de pistas, todo forjado, en su mayor parte, groseramente, trabajo de guaso-nes que se aburren o de estafadores que intentan aprove-char la ingenuidad o la codicia de sus conciudadanos. Es el caso de ese mapa cartográfico que mi abuelo incluye en sus documentos, pero que se abstiene de comentar, sin duda porque no puede creer demasiado en esos signos estrambóticos: *perro turco, perro con la pata levantada y la cabeza vuelta hacia el sur*, o *tras esa roca al este la forma de un oso sin cola*, o también, esa *oreja izquierda*, esas *dos pezuñas de caballo*, esa *cabeza de serpiente*, que deben aparecer en las rocas entre los cuños, los círculos, las *S* y el trazado de los ángulos. Lo que primero le atrae son los documentos de Nageon de l'Estang, la carta del 20 de Floreal del año IX que el marino dirige, antes de morir, a su hermano Etienne y en la que cuenta haber abandonado antaño el servicio del rey para servir como segundo al corsario Lemoine, que fue encarcelado y murió en Mauricio. El otro documento importante es el plano entregado por Basset a Savy, para agradecerle que le ocultara cuando los ingleses le perseguían. Este plano, o mejor esta plantilla, donde figuran un riachuelo que corre de sur a norte y el trazado de una costa pantanosa donde «culmina el mar», que fue el verdadero inicio de la apasionada búsqueda de mi abuelo, porque mostraba la presencia de una inteligencia (la geometría como primer lenguaje) y de una voluntad humanas, a las que él podía medirse, lo que era mejor que el odioso azar. Sus otras dos fuentes son dos textos codificados que figuran también en los documentos del señor Savy, notario en las Seychelles, y que son simplemente una alineación de letras, de cifras y de indicaciones geográficas. Estos dos textos son los que, junto con la plantilla, servirán de base a las investigaciones de mi abuelo, que los escrutará, durante treinta años, hasta el fin de su vida, con la esperanza de descubrir en ellos el secreto que se le escapa incesantemente. En estos dos textos están todos los símbolos definitivos de su búsqueda: la marca $\frac{le}{ol}$ en la que mi abuelo ve una indicación este-oeste, separada por una Z, y luego, siguiendo la escritura criptográfica de las *Clavículas de Salomón*, el establecimiento de dos puntos, d y j. En uno de estos textos, procedente de Nageon de l'Estang, aparecen la «piedra de mñq» (la piedra muñequera o de muñeca), la famosa «Cima del Comendador» que mi abuelo identificará como la montaña que domina la punta Venus, los «arganeos», inscritos en la piedra en forma de triángulos equiláteros invertidos, opuestos en la línea este-oeste, y también la extraña fórmula «Buscad ::», que mi abuelo descubrirá, grabada en una roca y que le pondrá en la pista de la quebrada. Con la precisión y la aplicación de un geómetra agrimensor, provisto de su teodolito, mi abuelo seguirá todas las indicaciones dadas por esos textos, en pies franceses, a lo largo de las líneas invisibles que irán recubriendo, poco a poco, el lecho del río Roseaux: línea Lt-sur, línea Sg 5 s Norte x (5° Norte de paso x, indica Nageon), línea Norte 2° jcd., la segunda línea 2° sur-norte, la línea 45 c este-oeste, o la línea × 1 do – m de la diagonal en la dirección de la Cima del Comendador. «Tras lo que —añade el documento, no sin malicia— hallaréis lo que pensáis.»

Entre el legajo de documentos más o menos sospechosos, uno de los más conmovedores, sin duda uno de los que contribuyeron a lanzar a mi abuelo a esa aventura, es un antiguo dibujo, hecho a toda prisa y a grandes trazos de pluma sobre un mal papel gastado y amarillento, que representa el contorno de una isla sin nombre. Alrededor de la isla, una línea fragmentada en la que mi abuelo advirtió el trazado del cinturón de coral, tan importante entonces para la navegación como la línea de las costas. Dos líneas de puntos atraviesan la isla, una en el eje este-oeste y la otra une un islote de la barrera de arrecifes a otro islote situado al otro lado de la isla, en el sudeste. Aunque el nombre de la isla no esté indicado, a mi abuelo no le cabe duda de que es la misma isla que aparece en los documentos del señor Savy, es decir, Rodrigues. En la parte inferior del papel, la firma del autor del dibujo: *H. De Langle,* capitán del Conquérant.* Y una fecha: *1824.* ¿Cuántas veces debió de mirar mi abuelo, antes que yo, ese viejo papel? Si la isla que figura en el mapa de Langle es, efectivamente, Rodrigues, la segunda línea de puntos, sin duda, pasa exactamente por la bahía Inglesa, al igual que las dos líneas paralelas que atraviesan el plano del señor Savy.

El mapa de mi abuelo (comprado tal vez al hombre, cuyo nombre calla, que encontró por azar un día en el tren de Curepipe, hacia 1900, y que le vendió una parte de las acciones de la Compañía de buscadores del tesoro de Klondyke, en Flic en Flac) y el mapa del señor Savy eran sin duda copias de un mismo original, desaparecido hoy. ¿Quién había trazado el primer plano? ¿Camden, Taylor o, tal vez, el corsario Lemoine que acompañó a Nageon de l'Estang? No es posible, tampoco, dejar de pensar en el gesto del pirata Olivier Le Vasseur, apodado El Buaro, que, según la leyenda, en el instante de subir al cadalso, como burla y última venganza, arrojó a la muchedumbre que había acudido a contemplar su muerte, en aquel año de 1730, ante la bahía de Saint Paul en la isla de la Reunión, una carta criptografiada y un plano del lugar donde había ocultado su inmenso botín, diciendo que todo pertenecía a quien supiera encontrarlo. Lenguaje maldito, pues, donde cada signo, cada símbolo alberga el secreto de un sufrimiento, de una herida y significa, también, la violencia, la rapiña y la muerte.

---

* Este De Langle, que firma el misterioso plano de mi abuelo, es probablemente el antiguo capitán del bajel *Astrolabe*, que acompañó al *Boussole* del conde de La Pérouse durante su viaje de 1785 para descubrir el paso del Noroeste que en vano había buscado el explorador Cook.

Y tal vez sea eso lo que ante todo existe en ese lenguaje que mi abuelo descubre, lo que le hace auténtico pese a sus señuelos y falsas apariencias. La ilusión es sólo aparente. Cuando por fin camina por aquí, por el fondo de este valle, en el inquietante silencio de las rocas negras, de las hojas de los vacoas, por el lecho seco de la quebrada en la que ya no mana el antiguo manantial, mi abuelo recoge en sí mismo esos signos reales, esas marcas del pasado, esas huellas, y ellos son los que hablan, los que organizan el discurso, los que dicen algo. Entonces, los antiguos documentos de Nageon o del señor Savy se animan, dejan de ser abstractos y absurdos.

Cuántas veces debió de leerlos mi abuelo, bajo la lona que le servía de abrigo en el valle y, luego, en la cabaña de Ange Raboud, hasta poder recitarlos de memoria: las palabras de la carta, «propiedad del doctor Chateauneuf», que procedía de un marino de Saint-Malo, corsario o pirata, que, prisionero en la Bastilla, la había dirigido a su madre —imitando tal vez así la venganza de El Buaro, sabiendo que su carta sería abierta y divulgada—. Esta misma carta que tuvo en la base de las excavaciones de Flic en Flac, en diciembre de 1901, y de la estrambótica Compañía de Klondyke, ¡que había ya repartido entre sus miembros el botín antes incluso de haberlo encontrado!

En la costa oeste de la isla (Mauricio), en un lugar donde el mar rompe en la costa, hay un río. Seguid el río, encontraréis un manantial, junto al manantial un tamarindo. A 18 pies del tamarindo comienzan las mamposterías que ocultan un inmenso tesoro.

Otro texto nutre el sueño de mi abuelo: un pasaje del *Viaje a la isla de las Fragatas* de E. Bernard, publicado en el *Keepsake mauricien* de 1839:

La isla de las Fragatas está al este (de las Seychelles) y a unas nueve leguas de Mahé. Pertenece al señor Savy [...]. Se dice que oculta un inmenso tesoro. Yo mismo estoy en posesión de una indicación relativa a este tesoro escrita o dejada por un viejo marino muerto en Bourbon hace más de cincuenta años. Por desgracia, el tiempo ha variado el curso de un riachuelo de la isla que, según la indicación, es el principal punto de reconocimiento.

En el corazón de ese lenguaje mítico, cuyo edificio intenta reconstruir mi abuelo fragmento a fragmento —como se reunirían los esparcidos restos de una civilización aniquilada por una catástrofe natural—, están los mensajes criptográficos. ¿De dónde había sacado mi abuelo esos mensajes? Omite, lo que en él no es habitual, indicar las fuentes. Es imaginable que, en la época de la fiebre de tesoros, un buen número de tales criptogramas circulaban por Mauricio, atribuidos a Nageon de l'Estang o al «capitán Albert».

Mi abuelo se limita a explicar el alfabeto cuneiforme,

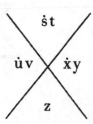

luego intenta una traducción del mensaje, sin resultado:

l o h y e x t   l a y o i r

escribiendo frases absurdas como:

> xna mujer qxj desier pona ta drogya en paxa adorméher xna
> mujer qxj mujer es prexiso tomar indiferente coxlfxrt ata a la
> cabezza, etc.

Para mi abuelo, las *Clavículas de Salomón* son tal vez la
solución del misterio y darían sentido a ese texto insensa-
to. ¿Lo consiguió? No habla de ello, pero las *Clavículas*
añaden magia a esa quimera. Salomón —Suleiman—, hijo
de David y rey de Israel, es también el jefe de los *djinns*,
el que tiene poder sobre los seres sobrenaturales y conoce los secretos del universo gracias a un talismán: un anillo mágico que tiene grabado el signo divino, la estrella
formada por dos triángulos invertidos que dibujan un
hexágono en cuyo centro se halla escrito el nombre de
Alá, así:

Las *Clavículas* tienen consigo el secreto de la magia de
Salomón, del que son naturalmente herederos los navegantes del siglo XVIII. Hombres entregados a la guerra y a
la muerte rozan, por su extrema aventura, lo divino. ¿No
reinan acaso sobre los inmensos mares, donde nadie puede vivir sin el socorro de los espíritus y el acuerdo de
Dios? ¡Y qué clase de hombres son que, en el azar de un

combate, cuando los vientos, la posición del sol y la suerte (la *fortuna*) valen tanto como la fuerza y las armas, pueden en un solo día poseer el rescate de los reyes, la dote de la hija del Gran Mogol o los tesoros arrancados a las minas de Golconde! Sin duda nunca ha habido, en la historia del mundo, nada comparable, salvo tal vez la hazaña de los conquistadores españoles, aquel puñado de aventureros que desembarcaban de sus galeones en el nuevo mundo y que, con ayuda de algunas cajas de chucherías y de cuentas de vidrio, con sus caballos y sus arcabuces, derribaban imperios enteros, aniquilaban civilizaciones milenarias, con todos sus dioses y todas sus riquezas.

Lenguaje mágico en los criptogramas, las *Clavículas de Salomón* ocultan más todavía el secreto del tesoro. Lo ocultan en el centro mismo del misterio, algo que mi abuelo busca como si fuera un corazón, como el foco de la vida. En el fondo de este valle, donde todo parece tan abandonado, tan desierto, semejante a un planeta muerto, no son la memoria ni los deseos de los visitantes pasajeros lo que cuenta sino, por el contrario, todo lo que permanece intacto lejos de los hombres, esa brasa que todavía palpita. Del mismo modo que todos los rastros del Corsario se encuentran en la plantilla —el plano del río y de la costa de los documentos Savy—, así todos los secretos del lenguaje de esta búsqueda se hallan en el cuadrado formado por las veinticinco letras del alfabeto (en aquel tiempo se ignora todavía la w), más una:

```
a b c d e f g h i j k l m n o p q r s t u v x y z a
b c d e f g h i j k l m n o p q r s t u v x y z a b
c d e f g h i j k l m n o p q r s t u v x y z a b c
d e f g h i j k l m n o p q r s t u v x y z a b c d
e f g h i j k l m n o p q r s t u v x y z a b c d e
f g h i j k l m n o p q r s t u v x y z a b c d e f
g h i j k l m n o p q r s t u v x y z a b c d e f g
h i j k l m n o p q r s t u v x y z a b c d e f g h
i j k l m n o p q r s t u v x y z a b c d e f g h i
j k l m n o p q r s t u v x y z a b c d e f g h i j
k l m n o p q r s t u v x y z a b c d e f g h i j k
l m n o p q r s t u v x y z a b c d e f g h i j k l
m n o p q r s t u v x y z a b c d e f g h i j k l m
n o p q r s t u v x y z a b c d e f g h i j k l m n
o p q r s t u v x y z a b c d e f g h i j k l m n o
p q r s t u v x y z a b c d e f g h i j k l m n o p
q r s t u v x y z a b c d e f g h i j k l m n o p q
r s t u v x y z a b c d e f g h i j k l m n o p q r
s t u v x y z a b c d e f g h i j k l m n o p q r s
t u v x y z a b c d e f g h i j k l m n o p q r s t
u v x y z a b c d e f g h i j k l m n o p q r s t u
v x y z a b c d e f g h i j k l m n o p q r s t u v
x y z a b c d e f g h i j k l m n o p q r s t u v x
y z a b c d e f g h i j k l m n o p q r s t u v x y
z a b c d e f g h i j k l m n o p q r s t u v x y z
a b c d e f g h i j k l m n o p q r s t u v x y z a
```

Para transcribir un texto por el sistema de las *Claviculas de Salomón*, se necesita una clave:

Supongamos —escribe mi abuelo— que ESTO sea la palabra que se desee escribir, y que la contraseña sea: DIOS. Se colocan ambas palabras una bajo la otra:

e
d } da z en la tabla

s
i } da p en la tabla

t
o } da u ---- ig ----

o
s } da e ---- ig ----

la palabra ESTO da pues,
en criptograma: ZPUE

Para leer se hace lo mismo:

z
d } da e

p
i } da s

u
o } da t

e
s } da o

en la tabla

No queda ya más que transcribir la palabra transpuesta (y su clave, si es necesario) en escritura criptográfica, de acuerdo con la escritura cuneiforme, y se obtiene:

E S T O   D I O S

∟ ∨ ∨ ⊓   ⊔ ⊡ ⊓ ∨

Éste es el lenguaje secreto que mi abuelo habló para sí mismo, durante los treinta años que consagró a esta búsqueda, en la soledad de Rodrigues. Pero esos signos, esos símbolos, no eran juegos abstractos. Las *Clavículas de Salomón* eran realmente un sello mágico, que daba a quienes las utilizaban un poder sobre las cosas, sobre el tiempo. ¿Creyó verdaderamente mi abuelo que lograría arrancar el velo por la sola virtud mágica de estos signos? Es dudoso, tanto más cuanto sólo consagra unas pocas páginas a ese trabajo de desciframiento, y parecía hacer poco caso de él. Pero este lenguaje secreto, infantil, con todos sus engaños y su misterio de pacotilla, sus ilusiones y sus espejismos, es de hecho el inicio de otro lenguaje, más vasto y profundo, que va creciendo año tras año, construyendo sus ritmos y sus ritos y, en cierto modo, se extiende por la Ensenada de los Ingleses en torno a mi abuelo, pues el sueño de algunos hombres parece salir de ellos y dibujar a su alrededor una sombra, un halo, una leyenda.

Este lenguaje es lo que yo percibo ahora, aquí, en el fondo de la Ensenada, un rumor que me rodea, que me acompaña, que se amplifica o se aleja, según los caminos invisibles por donde paso, según la atención que yo les preste, según las tensiones del lugar, los momentos del día.

Creo que mi abuelo no eligió por azar la palabra DIOS como contraseña para acceder a la tabla de las *Clavículas de Salomón*. ¿Hay aquí otra presencia que buscar, que sentir? Ese fuego que abrasa todavía los bloques de basalto y de lava, ese sombrío fuego del día y de la noche, esa voz del mar y del viento, ese cielo inmenso, no podrían procurar un tesoro que no hubiera sido, primero, fundido y recreado por el invisible poder que se halla en el centro de todas las cosas, forzándolas a existir contra la nada. Jamás dijo nada mi abuelo: ¿para qué, para quién iba a decirlo? ¿Acaso no se lanzó solo a esa aventura, contra toda razón y todo decoro? Veo ahora ante mí, con toda claridad, los elementos esparcidos de nuevo de la lengua que había construido poco a poco, añadiendo cada día una piedra al edificio, cada día un sufrimiento, una sorpresa, una nueva inquietud: ahí están los signos, que únicamente la clave mágica del cielo puede devolver a su primer significado: signos de las piedras negras marcadas por los golpes, desgastadas por el agua y el viento, ríos de ceniza, brillantes láminas de los esquistos, fragmentos de ídolos, rotos rostros de los gigantes, montañas, valles, polvorientas quebradas donde rumorea todavía el agua de los ríos secos, cegados pozos, caos de la tierra que todavía retienen las raíces de los vacaos, altos fustes de las hioforbeas en las dunas de arena blanca, ante la soledad de la albufera verde-azul, y, luego, del mar azul-negro, hasta el horizonte donde nacen las nubes.

Todo el valle es un lenguaje. Ésas son las palabras soñadas por mi abuelo, los signos arrojados aquí y allá por el desconocido corsario, puntos de orientación móviles como espejismos, líneas fugitivas que se cruzan y se corresponden como los hilos de una trama, pero también guijarros marcados al punzón, montones de piedras que señalan el este, el norte, el oeste, canalones esculpidos en las inmóviles rocas, círculos, estrellas, piedras fracturadas en forma de *M* o en forma de Z, puntos donde la sonda se hunde, quebradas excavadas por el pico, rocas apartadas, echadas a un lado y, siempre, cerrando el valle, las cumbres de los inmutables picachos; como si se buscara un astro o el emplazamiento de una antiquísima ciudad de la que sólo las frágiles leyendas de los hombres hablaran todavía.

A cada lado del valle, en las altas colinas negras, al este, al oeste, la señal de los arganeos, dos triángulos equiláteros invertidos cuya unión compone también el signo del anillo mágico de Suleiman, en cuyo centro se escribe eternamente el nombre del más grande de los dioses.

Aquí comprendo mejor esta búsqueda del tesoro que fue la gran preocupación, la única pasión de mi abuelo hasta su muerte; comprendo mejor lo que provocó su nacimiento y lo que la ha hecho legendaria. Todos esos buscadores de tesoros de comienzos de siglo, en Flic en Flac, en Chamarel, en Bahía de la Tumba, e incluso Lord Lindsay que exploró la isla de Ambre, frente a Poudre d'Or, donde la leyenda quiere, precisamente, que naufragara en 1744 el *Saint-Géran*, todos, no han hecho más que rozar el misterio. Sólo habrá sido un pasaje, una momentánea embriaguez. Luego olvidaron, se recobraron. Para ellos no habrá sido, en suma, más que un divertimento. Lord Lindsay, cansado de buscar su tesoro, se queda en la isla de Ambre y hace construir uno de los más hermosos observatorios de su tiempo, hoy en ruinas.

Pero mi abuelo no abandona su búsqueda. Incluso cuando todo está en su contra, cuando falta el dinero, cuando los acreedores se muestran cada vez más impacientes, cuando, sobre todo, se produce la catástrofe y es expulsado de su casa por su propia familia y debe buscar otra morada, otra tierra.

* * *

Creo que fue en 1910 cuando mi abuelo dejó Eureka, la propiedad donde nació y donde nacieron sus hijos. Comienza así un vagabundeo que la búsqueda del oro del *Privateer* hace más desesperado, más trágico todavía. Las consecuencias de la expulsión de mi abuelo de Eureka son más serias que un simple cambio de casa. Es un verdadero exilio, la expulsión de una propiedad que, para él y para sus hijos, era la tierra elegida por su antepasado, como el sueño de un paraíso terrenal. Cada rincón de aquella gran mansión estaba cargado de secretos familiares, de recuerdos, de la felicidad de la infancia. El desván, donde mi padre y mi abuelo habían jugado, la inmensa veranda desde la que habían contemplado la lluvia, la noche, la neblina del alba. Las grandes salas de altos techos, repletas de muebles procedentes de la Compañía de Indias, las puertas-ventanas de pequeños cristales, las escaleras, las columnatas metálicas y, sobre todo, el infinito jardín, con sus árboles centenarios, los vergeles, las plantaciones de palmitos, los estanques, las grandes avenidas circulares por las que había resonado el ruido de los coches de caballo y, en alguna parte, hacia el noreste, la quebrada donde se habían estremecido viendo correr por el fondo umbrío, peligroso, el agua del río Moka.

Había también, dominando las frondas verde oscuro de los árboles de la Intendencia, la cima de la montaña Ory, que hacía palpitar el corazón de los muchachos y adonde, de vez en cuando, se escapaban para correr una breve aventura que, en su imaginación, podía compararse a las que contaban Reid o London.

* * *

La pérdida de esta mansión fue, creo, el comienzo de toda la historia, como la fundación de Eureka había sido la conclusión de otra historia, la que había llevado a mi antepasado François, en tiempos de la Revolución, del puerto de Lorient a l'Île de France. La búsqueda del tesoro de mi abuelo había comenzado mucho antes de este exilio —y mucha gente en Mauricio no se privó de decir que esta quimera provocó el abandono de Eureka en manos de los acreedores. Sin embargo, me parece que es eso lo que da inicio a la historia, porque es una historia que no ha concluido: a causa de esta expulsión, la familia de mi abuelo pierde sus vínculos, se hace errante, sin tierra. Tras el abandono del ingenio azucarero de Alma (ya en tiempos de mi bisabuelo sir Eugène), el exilio lejos de la casa natal es, para todos los de esta rama, el comienzo de la inestabilidad, de lo precario, a veces, de la miseria incluso. Todos los hijos de sir Eugène dejan la propiedad donde nacieron y donde crecieron felices. Los muchachos viajan, van al fin del mundo, a América, a África, a Europa. Las chicas, por su parte, están condenadas a la pobreza. La pérdida de Eureka me concierne también, pues a ella debo haber nacido lejos, haber crecido separado de mis raíces, con un sentimiento de extrañamiento, de no pertenencia. Así, el desafío de mi lejano antepasado François, que deja Bretaña y se embarca en el brick *Espérance* para fundar una nueva familia al otro extremo del mundo, responde, como un eco de amargura, el gesto de rechazo de mi abuelo que recupera, con su descendencia, el camino del vagabundeo.

Eso es lo que su búsqueda del tesoro significa, y por ello me turba y me inquieta tras tantos años. Su búsqueda es la de una felicidad perdida, ilusoria ya, el espejismo de la paz y de la belleza de Eureka, que un día del año 1910 él mismo rompió y redujo a cenizas para siempre.

* * *

¿Cómo distribuir el tiempo? Lo que he venido a buscar a Rodrigues se me aparece ahora con toda claridad. Y con toda claridad se me aparece también el fracaso de esta búsqueda. He querido retroceder en el tiempo, vivir en otro tiempo, en otro mundo. He creído lograrlo aquí, en el fondo de la Ensenada de los Ingleses, en ese marco donde mi abuelo vivió y construyó su sueño. Y cierto es que, en los primeros instantes de mi llegada al valle del río Roseaux, tuve la impresión de que todo sería fácil, de que todo sería posible.

¿Cómo no sentir la impresión de la vida ante esas huellas, teniendo en mis manos los planos de mi abuelo y encontrando, a cada instante, los hitos, los jalones, los lugares descritos? En el silencio y la soledad de la Ensenada de los Ingleses, cada marca, cada golpe dejado en el suelo por mi abuelo, hace setenta y cinco años, me parecían hechos ayer. Creía escuchar el sonido del pico, la rápida respiración de su aliento, las palabras en *créole* que intercambiaba con los hombres, con Sylvain Bégué, Adrien Mercure, el «gallo» Ange Raboud, con el joven Fritz Castel.

Fue esta ilusión la que me hizo venir aquí, a Rodrigues, para tocar el suelo que tanto había mirado, amado, en el que tanto había esperado. Curiosamente, lo que me atrajo hacia la Ensenada de los Ingleses fue, creo, lo mismo que le había atraído a él: estar en los lugares donde antaño había venido el *corsario desconocido*, para sentir lo que había sentido, tocar, ver, comprender lo que por él había existido. Como si no hubiera más pasado que aquel cuyo testimonio podemos recibir, el que habla por los seres, por las plantas, las piedras, el color del cielo y del mar, el olor del aire.

Antes incluso de haber tenido la idea de escribirla (para mejor comprenderla), esta realidad era un sueño, un deseo de ver, de tocar, de identificarme por medio del cuerpo. Creo, efectivamente, que lo que deseé desde el comienzo fue revivir en el cuerpo de mi abuelo cuya parcela viviente soy, ser él. La idea de mi supervivencia en mi posteridad no me conmueve demasiado. El porvenir, este irritante enigma, me aburre. Pero elegir el propio pasado, dejarse flotar en el tiempo ya transcurrido como levantado por una ola, tocar en el fondo de uno mismo el secreto de quienes nos han engendrado: eso es lo que permite soñar, lo que da paso a otra vida, a un flujo refrescante.

Eso es lo que más me ha conmovido en la Ensenada de los Ingleses: ¡por un instante, en este paisaje mineral, con ese viento, ese sol, esa luz, fui el que buscaba! No ya yo, ni mi abuelo, sino el *corsario desconocido*.

Pienso en todo lo que alimentó mi sueño: ese extraño equipaje, pesado como una casa, cargado de palabras y de signos, una nebulosa de ideas, de imágenes, de bocetos, y todo contenido en esa vieja carpeta de cartón atada con un cordel y que lleva, escrito por la mano de mi tía, ese título extravagante y vengador:

PAPELES SIN VALOR

Eureka

Es preciso que regrese ahora a esta casa como al lugar más importante de mi familia, a esta casa donde vivieron mi padre, mis dos abuelos (que eran hermanos), mi bisabuelo (sir Eugène) y mi tatarabuelo (Eugène primero) que la había fundado alrededor de 1850. Casa mítica para mí, puesto que sólo he oído hablar de ella como de una casa perdida.

De modo que no quiero pensar en la casa tal como existe todavía, remendada como un viejo navío, condenada a ser demolida muy pronto para dejar lugar a los edificios de los promotores chinos. Esa casa es la imagen virtual de la otra Eureka.

La verdadera Eureka es la del tiempo de su esplendor, a finales del siglo pasado, cuando reinaba todavía como un castillo de madera en el centro del decorado medio silvestre de Moka, frente a la oscura silueta de la montaña Ory. Casa blanca, ligera, apoyada contra la cadena de cumbres con nombres mágicos para mí, el Pulgar, las Dos Ubres, el Pieter Both, con las inmensas llanuras de caña en la vertiente este, más allá de la fronda de los árboles del parque: Phoenix, Floreal, hasta más allá de Curepipe, hacia la Charca de los Vacoas, y, al noreste, Alma, Bar le Duc, Nouvelle Découverte, y las siluetas de la Montaña Blanca y del Pitón de Enmedio.

Veo la casa tal como mi abuelo Alexis la pintó a la acuarela alrededor de 1870, cuando tenía unos diez años. Sola, inmensa en medio del bosque oscuro, rodeada de palmeras, de latanias, de tamarindos, de árboles de la Intendencia inmensos ya, de azulados filaos, incluso con esa araucaria algo extraña, luciendo sus plumeros de esmeralda, que mi bisabuelo había plantado a la derecha de la casa y que todavía existe.

En el cuadro, la casa parece vacía, casi fantasmal pese a la limpieza de los contornos, pese al brillo de su techo nuevo y el jardín bien rastrillado a la francesa. Las altas puertas-ventanas de diez cristales reflejan la luz del cielo en la suave sombra de la veranda. En la vertiente del techo hay siete lumbreras, algunas de las cuales tienen cerrado el portición. Recuerdo lo que, antaño, me contaban de Eureka, de esa forma casi ritual para mí: ¡la casa de las cien ventanas! En el romántico difuminado del parque —la magnificencia de la naturaleza tropical a cierta altura, el frescor de las coníferas y las tecomas, de los helechos, de la araucaria, mezclado con la exuberancia de las palmeras, de los ficus, y la alta montaña lluviosa que domina la paz de los estanques, los parterres decorados con fucsias, rosales, azaleas, guisantes de olor, todo lo que maravilló a mi antepasado Eugène primero cuando descubrió este lugar, mientras buscaba un refugio contra las fiebres de la costa, y que le inspiró su nombre: ¡Eureka!—, la casa como un símbolo de la belleza y de la paz, lejos del mundo, lejos de las guerras y las desgracias.

Son esas ventanas que reflejan el cielo, que vuelven hacia mí su mirada sin límites, sin duración. Los peldaños de la escalera que lleva a la veranda, la lumbrera abierta al sur, cuyo porticón suelto debía de golpear a impulsos del viento marino, la lisa pendiente de tablillas que brilla al sol. Morada inmóvil en su misterio, fuera del tiempo, que encierra escondrijos de sombra, las frescas habitaciones, los salones y, bajo el techo, el inmenso desván donde tantos niños jugaron, descubrieron el mundo asomados a las lumbreras, escucharon el tamborileo de la lluvia, y que alberga en su polvo una suerte de memoria.

Ninguna casa tendrá ya nunca importancia, ninguna tendrá tanta alma. Si Eureka no hubiera existido, si mi abuelo no hubiera sido expulsado de allí con toda su familia, su búsqueda del oro del corsario habría carecido de sentido. No habría sido una aventura tan inquietante, tan total.

La gran casa de madera, pintada de blanco, con su tejado gris y sus porticones de un verde pálido, su larga veranda de columnas rectilíneas, sus altas ventanas cerradas, el jardín secreto, sin límites, la montaña Ory, el cielo donde los cirros dejan signos fugitivos, todo parece tener que durar una eternidad, no poder desaparecer. Es la propiedad que mi abuelo perdió un día, como alguien que despertara de un sueño, sin esperanza alguna de regreso. Es la propiedad que, sin embargo, deseó encontrar de nuevo penetrando en otro sueño, como negando lo imposible por medio de lo imposible. Eureka, casa fuera del mundo, no debe, pues, envejecer ya, pese a todas las termitas que roen su madera, pese a las lluvias que pudren sus fundamentos y los ciclones que rompen sus postigos y arrancan sus tablillas. Creo que mi abuelo no deja de verla como la pintó su hermano Alexis, pálida, ligera, semejante a un espejismo, con sus cien ventanas cerradas sobre un secreto que no puede hoy pertenecer a nadie.

Lejana ya, como la montaña Ory que se difumina en una hora imprecisa, inaccesible. Y, sin embargo, hacia allí, hacia ese paisaje fantasma huye mi abuelo (y antes que él mi abuelo Léon, mi abuelo Alexis), tras haber franqueado la fronteriza carretera que se dirige a Moka, y desaparece jornadas enteras en los vapores de la selva. Parte hacia allí, cuando tiene doce años, para conquistar el Pulgar, el Pieter Both. Por allí también va con sus hermanas hacia el río Ory, hasta las Cascadas, para pescar gambas de agua dulce que las muchachas atrapan en sus faldas como si fueran redes.

La casa había sido el centro del mundo, desde el que podían explorarse los alrededores. ¿Cómo podía mi abuelo no llevarla siempre consigo, incluso en el fondo de la Ensenada de los Ingleses, casa inmensa y silenciosa, abstraída en el secreto de su jardín del Edén, que llevaba en sí el recuerdo de su nacimiento, como un lugar al que jamás se vuelve?

¿Y ahora? Camino por el fondo del valle del río Roseaux, avanzo entre matorrales por el lecho de arena negra, sin duda por vez postrera. Veo a mi alrededor el paisaje duro, cerrado, ese paisaje que no da nada. A cada lado están los altos farallones de basalto, más duros todavía a la luz del ocaso. Al sur, las montañas donde viven los últimos manafs supervivientes: el Limón, el Bilactère, el Charlot, el Pitón de Enmedio. Se recortan claras contra el cielo. Me gusta, aquí, la caída de la noche, tal vez sea este recuerdo el que conservaré con más fuerza. En ningún otro lugar del mundo me ha parecido más precisa esta hora: un cotidiano bascular hacia el otro mundo, hacia la otra vertiente de la realidad. La intensa quemazón del sol cesa de pronto, la luz se apaga como una bujía bajo un soplo, y se siente el frío del espacio. En el muy breve instante que separa el día de la noche (aunque a eso no se le pueda llamar crepúsculo), las aves cruzan el cielo de la bahía Inglesa. Vienen del sudeste, del extremo de Rodrigues, vuelan apresuradas hacia los islotes de la barrera de coral, al noroeste, donde tienen su refugio, en la Isla de los Alcatraces, Pierrot, Baladirou, la Isla Arena, la Isla Llana.

Por ellas le debía de gustar a mi abuelo el anochecer aquí. Pienso en su mirada que las seguía, cada noche y cada mañana, en su travesía. ¿Acaso no eran, para él, las verdaderas dueñas de esta tierra, de esta bahía, de este mar? La mirada de mi abuelo debía de seguirlas a duras penas, como la mía, en su rápido vuelo por encima del agua ya oscura. Pero la mirada de los pájaros tenía la misma dureza del basalto, su espíritu debía de ser cortante y fuerte como el viento, como los arrecifes bajo el mar.

Los pájaros no mueren, salvo cuando los hombres los engullen en sus trampas. Viven entre el cielo y el mar y luego, cierto día, desaparecen tragados por el espacio, sin que se sepa adónde han ido.

Con ellos, sobre todo, vivió mi abuelo en este valle salvaje, en aquella época sin hombres. Tuvo que aprender a reconocerlos, día tras día; los chillones pagalos, los alcatraces de pesado vuelo a ras de olas como surcos en el ocaso, las magníficas gaviotas, las fragatas negras con sus rojos buches y, más cerca de la orilla, las golondrinas de mar. Para mi abuelo, las aves del océano eran los únicos signos de la libertad, la imagen misma de ese mundo futuro del que sólo podía conocer el umbral. Año tras año, los pájaros cruzan el cielo de la bahía Inglesa, sobrevolando el mar, la albufera o la marisma de las cañas, cada mañana y cada amanecer, siguiendo un orden tan inmutable como este paisaje.

¿Aprendieron entonces a reconocer la silueta de aquel hombre solo, semejante a un náufrago junto a su choza, sentado bajo el tamarindo y que los miraba mientras fumaba? Los pájaros nacieron, desaparecieron en las tormentas, devorados por el horizonte. El cuerpo de mi abuelo envejeció, se endureció, su silueta se hizo cada vez más delgada, cada vez más frágil. Mientras corrían los años, en cada uno de sus viajes, algunos hombres vinieron por curiosidad a verle y, luego, le olvidaron. La guerra devoró a los hombres incluso en esta isla, no ya en una apoteosis de tormenta y espuma como a las gaviotas y a los pájaros bobos, sino bajo un diluvio de hierro y fuego, en el limo de esos lejanos ríos que se llaman Ancre, Lys, Mame, Somme. Hasta el final sólo se quedó el muchacho, Fritz Castel, a quien mi abuelo debió de contratar por primera vez hacia 1920, cuando tendría unos diez años, y que compartió con él sus postreras esperanzas. Fue el único que no abandonó la Ensenada de los Ingleses. Hoy, convertido en un anciano que camina con dificultad, Fritz Castel vive en una casa de madera y chapa, pintada de rosa, en la cumbre de la punta Venus, en el lugar desde el que se puede vigilar el mar y la entrada del valle del río Roseaux. Su mirada es la que sentí cuando llegué, por primera vez, al fondo de la Ensenada de los Ingleses. Es el último guardián de aquel tiempo, de aquel lugar. También para él las aves marinas deben de significar algo.

Esas eternas aves que no dejan de cruzar el cielo de la bahía, verdaderas dueñas de ese dominio, me unen más todavía a la memoria de mi abuelo. Me parece que puedo verle, en su último viaje (¿cuándo comprendió que sería el último?), sentado al pie del viejo tamarindo, a la entrada de la quebrada a la que fui instintivamente, escuchando los gritos de los pájaros marinos al acercarse la noche. ¿Ha pasado realmente el tiempo en el estuario del río Roseaux, en esas marismas? Nada nos separa, las piedras negras están en el mismo lugar, la roca guarda todavía la señal del pico, la arena volcánica ha ido desmoronándose por los mismos caminos y el mar, más allá de la línea de los cocoteros y las hioforbeas, sigue realizando el mismo trabajo. Siento, hasta el último instante, este vértigo, como si alguien se hubiera introducido en mí. De modo que tal vez esté aquí sólo por esta pregunta, que mi abuelo debió de hacerse, esta pregunta que es el origen de todas las aventuras, de todos los viajes: ¿quién soy?, o mejor: *¿qué* soy?

También yo habría fracasado. Y no hablo del tesoro del *corsario desconocido* (todo hombre muerto es un desconocido), sino de esta búsqueda. ¿He buscado realmente alguna cosa? Sin duda he levantado algunas piedras, sondeado la base del acantilado oeste, bajo las cavernas que distinguí cuando llegué a la Ensenada de los Ingleses. En el arruinado torreón de la Atalaya del Comendador (tal vez una antigua baliza construida por el corsario), en los extraños balcones de piedra en seco, vestigios de los antiguos bucaneros, he buscado más bien algunos símbolos, los signos que establecieran el inicio de un lenguaje. Cuando entré por primera vez en la quebrada, comprendí que no buscaba el oro sino una sombra, algo como un recuerdo, como un deseo.

Quise encontrar a un hombre, a un hombre al completo, con su secreto, su temor, su deseo, su saber. Los planos y los documentos escritos a lo largo de aquellos treinta años no me condujeron hacia un escondrijo, hacia esos diamantes de las minas de Golconde (o de cualquier otra parte, ¡algunas canteras de abalorios que sirvieron para conquistar el mundo!). Me llevaron hacia el hombre que los había soñado, que por ellos había sufrido, se había visto transformado, enfebrecido, embrujado.

¡Cómo latía su corazón cuando creía acercarse al secreto, cuando sacaba a la luz, uno tras otro, los jalones depositados por el filibustero, cuando sentía que posaba sus pasos sobre la huella de aquel desconocido, cuando aparecían, en la negra pantalla de los farallones de basalto, los mágicos arganeos! Y también mi corazón latía con fuerza, porque creía sentir la presencia de mi desconocido abuelo, me hallaba tras de sus huellas, veía por sus ojos, sentía por su ser, me había unido a él en su sueño. Pero a cada instante descubría que me había engañado a mí mismo, que este valle seguía vacío. Ahora lo sé muy bien. No se comparten los sueños.

Las aves marinas pueden seguir cruzando el estuario del río Roseaux. Es su cruel mirada la que tiene razón. Tal vez el corsario desconocido, aquel bucanero de 1730, tenía la misma mirada y por ello se perdió en el furor de los océanos, por ello fue devorado —también él— por el horizonte. Los pájaros que pasan, cada anochecer, cada mañana, son los únicos que compartieron su secreto.

Los pájaros son los únicos supervivientes de aquel tiempo extraordinario y cruel, cuando el cielo y la tierra no pertenecían a nadie, cuando las islas eran libres y peligrosas como los navíos de los bucaneros. Hoy, los pájaros están en el exilio. Han sido expulsados de las riberas y obligados a refugiarse en los islotes del cinturón de coral, barridos por las olas del océano. Realmente, no son los hombres quienes los expulsaron de sus antiguos dominios. Son aquellos seres que los hombres trajeron consigo, aquellos que tanto se les parecen: las ratas.*

En la Isla de los Alcatraces, en la Isla Llana, en Baladirou, las aves marinas aguardan. Tal vez saben que el tiempo está de su lado, que el mar, el cielo y las riberas serán de nuevo libres un día. Y esa espera está en ellas, en su vuelo, en su amor al viento y a la espuma, en la dureza de su mirada.

* Fueron las ratas y los hombres los que extinguieron la especie del dronte, el famoso *dodo* de Mauricio (y de Rodrigues). Los hombres matando el pájaro, las ratas devorando sus huevos.

La búsqueda de mi abuelo puede parecer irrisoria hoy, cuando ese mar ha dejado de ser libre, cuando los ingleses han aceptado la instalación de bases nucleares americanas en Diego García, en el archipiélago de los Chagos, cuando a uno y otro lado del océano Índico, en el gigante de la India y en el frenético enano de África del Sur, se está preparando ya la guerra nuclear, cuando el continente antártico se ha constituido en un vasto cuartel y a todo el mundo le parece normal.

Sí, junto a tal amenaza, el enigma de la Ensenada de los Ingleses puede parecer muy pequeño, muy lejano, y el itinerario de mi abuelo la absurda y obstinada andadura de un insecto. ¿Cómo creer en esa historia de tesoros, en esa búsqueda? Nuestro siglo no es ya un siglo de tesoros. Es un siglo de consumo y de huida, un tiempo de fiebre y de olvido. Las aves marinas son los últimos guardianes exiliados de estas piedras, los últimos testigos de un enigma que pronto será devorado por las tempestades y el mar.

Extraño sueño el de mi abuelo. Como todos los sueños termina en la nada.

¿Esperaba realmente algo, quiero decir, algo material, el oro del *Privateer*, eso que suele llamarse un botín? ¿Cómo imaginar que esa búsqueda hecha de tantos símbolos, de tantos signos y secretos, pueda terminar en un montón de oro y diamantes, en algunos abalorios? Pero el botín de los antiguos navegantes no puede existir. Es más bien un deseo, un fuego, un *polvo de oro*, el insostenible fulgor de la luz contenida en un escondrijo que jamás se abre. El deseo de los hombres es el que enciende los resplandores de los tesoros. El botín de los bucaneros es salvaje y brutal: no joyas ni objetos preciosos, sino el verdadero oro que es el sufrimiento de los hombres, su pasión, su sangre. Es la luz de ese siglo perdido, su olor, su calidez, el gusto por esta vida rápida, el gusto por la muerte también, como una sombra que apaga el oro y devuelve los diamantes a sus escondrijos bajo tierra.

El fin de los viajes es siempre triste, porque es el fin de los sueños. Cuando mi abuelo renuncia a regresar a Rodrigues, un poco antes de 1940, no es tanto a causa de la edad (aunque tiene ya más de setenta años) como por desaliento, porque siente que ha llegado al final de esta aventura. Sabe que no descubrirá el tesoro. Lo sabe desde que ha descubierto los dos escondrijos vacíos en el fondo de la quebrada y, así, se ha anulado ya el increíble cálculo geométrico que durará treinta años.

Y luego, de nuevo, está la guerra, esa guerra que pronto comenzará a lo lejos, en Europa, y que, se sabe ya, se extenderá al mundo entero gracias al juego de las alianzas, que tal vez convierta las islas del océano Índico en presa de los japoneses. Todo ello (y la ruina para su familia, la esperanza perdida para siempre de encontrar de nuevo la felicidad en Eureka) echa a pique el sueño de Rodrigues.

¿Cómo decirlo? Creo que ahora, al término de esta pesquisa (mientras me aproximo al momento en el que mi abuelo llega al término de su búsqueda), puedo comprender mejor su sueño, su quimera. Es el sueño de una realeza, el sueño de un dominio en el que no hubiera ya ni pasado ni futuro angustiantes, sino en el que todo fuera libre, fuerte, en un tiempo realizado, en su deseo, en esa especie de era de felicidad que debía de ser la de Eureka en su comienzo. Una realeza o un reino. No la dominación sobre otros, ni esa embriaguez de conquista que vuelve locos a tantos aventureros, que hacía de un jefe de pandilla de Extremadura el igual del señor hereditario de México Tenochtitlan, o del porquero Pizarro el sucesor del Inca. Ni siquiera el sueño exótico de lord Jim. Sino más bien el sueño de Robinson, el sueño de un dominio único en el que todo fuera posible, nuevo, casi encantado. En el que cada ser, cada cosa y cada planta fueran la expresión de una voluntad, de una magia, tuvieran un sentido propio. El sueño de una nueva partida, de una dinastía. ¿Quién no ha soñado en ser el primero de un reino, el mito de un linaje? Éste es el sueño de mi abuelo, y por ello se agarró a esa abrasada roca de Rodrigues, pese a la evidencia cada vez más clara de que no hallaría el tesoro. Aunque sin duda sabía ya que lo que buscaba no tenía, realmente, nombre, no pertenecía, en verdad, al mundo real. Era una llamada, una suerte de vértigo, una embriaguez a veces, el ruido del viento en las paredes de la quebrada, la carrera de la lluvia por el valle desierto, las nubes brotando como una sombría humareda por encima de las colinas del noroeste, precipitándose hacia las altas montañas del sudoeste, el incesante rumor del mar contra los arrecifes, el paso de las aves marinas marcando el inicio y el final de cada día. Era la esperanza de cambiar su vida, de cambiar su mundo, la esperanza de hacer renacer Eureka, de reencontrar un tiempo en el que todo fuera simple y seguro. La esperanza, sobre todo, de devolver a su familia, a su mujer y a sus hijos amados, la perfección de la felicidad terrenal.

No sé por qué no puedo evitar pensar en el capitán Misson y en la leyenda de Libertalia. Tal vez porque el corsario desconocido cuyas huellas siguió, aquí, mi abuelo, se cruzó en su ruta con el quimérico navío de Misson y de Caraccioli, enarbolando su pabellón azul y blanco donde, escrita en letras de oro, se leía la divisa de Libertalia: *Pro deo et liber-*

tate. ¿O tal vez incluso se detuvo, en una de sus singladuras, en la república utópica de la bahía de Diego Suárez, donde todos los hombres eran libres e iguales, fueran cuales fueran su origen, su raza o su fe?

Mi abuelo, en el silencio sideral de la Ensenada de los Ingleses, separado del resto del mundo como un náufrago, ¿no soñó acaso con este Estado fabuloso, tan brevemente instalado en la costa de Madagascar, esa ciudad evangélica donde se encontraban hombres venidos de todos los horizontes? En las calles de Libertalia, entre las chozas, los filibusteros y los bucaneros confraternizaban con los esclavos, los perseguidos con los aventureros y la carne de horca, cada uno hablaba su lengua en ese refugio donde la belleza de la naturaleza y del mar hacía pensar en el paraíso terrenal.

Me parece que aquí, en la soledad de la Ensenada de los Ingleses, hay algo de esta quimera. Como si la búsqueda de mi abuelo hubiera sido, como la de Misson, la búsqueda de un lugar en el que poder realizar los propios sueños. El trágico fin de Libertalia, aniquilada por las poblaciones del interior de Madagascar —tal vez por los houvas, proveedores de esclavos, a quienes esa quimérica república molestaba—, es triste e inevitable, y mi abuelo debió de sentir su proximidad cuando, tras el holocausto de 1914, el mundo se disponía a una nueva guerra más inhumana aún. Su búsqueda de otra vida, de una nueva libertad no podía ya tener sentido. ¿Cómo olvidar el mundo? ¿Puede buscarse la felicidad cuando todo habla de destrucción? El mundo es envidioso, viene a tomaros, viene a encontraros allí donde estáis, en el fondo de una quebrada, hace escuchar su rumor de miedo y de odio, introduce su violencia en todo lo que os rodea, transforma la luz, el mar, el viento, los gritos de los pájaros incluso. El mundo está entonces en vuestro corazón, su dolor os despierta de vuestro sueño y, como el capitán

Misson, descubrís que incluso la tierra donde habéis querido crear vuestro reino os expulsa y os arroja al mar.

Sí, ¿qué queda? ¿Qué queda de mí en el fondo de ese valle, junto al riachuelo que corre entre cañas, en las laderas pedregosas que forman el glacis de los acantilados, en la playa poblada por cangrejos, bajo el viejo tamarindo, a la entrada de la quebrada? Pero no vine a la Ensenada de los Ingleses para dejar un rastro, aun cuando estas páginas que ahora escribo, estos cuadernos del buscador de oro son la última fase de esa búsqueda (esa pesquisa) iniciada por mi abuelo hace más de ochenta años. ¿Un rastro? Mejor la cancelación de un rastro. Al escribir esta aventura, al poner mis palabras donde él puso sus pasos, me parece estar terminando lo que él comenzó, estar completando el círculo, es decir, reiniciando la posibilidad del secreto, del misterio.

¿Habría hecho tan largo viaje hasta ese valle árido frente al mar, ese lugar sin pasado ni futuro, si no me hubieran atraído, como a mi pesar, los jalones dejados por mi abuelo? ¿Habría escrito esto, habría soñado durante tanto tiempo en escribir la novela del buscador de oro —el único relato autobiográfico que jamás me apeteció escribir— si no hubiera existido ese cofrecillo negro en el que mi padre guardaba los documentos relativos al tesoro, aquellos planos, aquellos mapas, aquellas hojas escritas con esa caligrafía fina y aplicada en la que me parecía reconocer mi propia escritura, si no hubiera existido ese cebo para mis sueños, esos fragmentos como extraídos de un libro que yo no podía encontrar por completo más que escribiéndolo a mi vez? Los escritos jamás son indiferentes. En mí, tan lejos como alcanza mi memoria, ha estado siempre ese rumor, ese sueño: rumor del mar, rumor del viento en las velas del *Segunder*, golpes de los picos en las piedras de la lejana isla, y también el rumor de las palabras relatando la leyenda de aquel tesoro inmenso entrevisto, rozado, perdido de nuevo en la inmensidad de la nada. Todo ello resuena en mí y cuando, al favor de esos mapas y esos apuntes, descubro que es real, país de piedra, de luz, de mar, cuando siento ese calor, ese viento en mi rostro, cuando veo esas marcas grabadas en el basalto, el vértigo que entonces siento es el de un hombre que, habiendo creído en su libre albedrío, descubre de pronto el designio que le anima, descubre que sus pensamientos y sus actos, sus sueños incluso, vienen de antes de su propio nacimiento y sirven para terminar una obra de la que sólo es el postrer instante. Para saberlo, para estar seguro de ello, vine hasta la Ensenada de los Ingleses. Me parece ahora que estaba escrito, señalado en los documentos de mi abuelo y que sólo he obedecido su voluntad. ¿Por qué deseé seguir sus pasos si no fuera así? Recuerdo, ahora, mi primer encuentro con Fritz Castel, en lo alto de la punta Venus. Extrañamente, ni siquiera me asombró que me reconociese en seguida. ¿Acaso no sabía que yo tenía que *volver*?

Lo que queda no son palabras. Es la pureza de ese paisaje, tan distinto a los lugares donde viven los hombres. Pese a las nuevas granjas construidas en las antiguas concesiones de mi abuelo, pese a la choza de Anicet Perrine con su tejado de zinc nuevo que brilla en medio de los cocoteros, cerca del estuario, pese a la presencia de los niños, pese a los perros que ladran en la lejanía, pese a la discreta y obstinada mirada del viejo Fritz Castel, que observa mis idas y venidas desde lo alto de su promontorio, este país no pertenece a los hombres. Sólo les ha sido prestado.

Al crepúsculo, cuando el fondo del valle se preña de sombra y desaparece en su propio misterio, comprendo que he llegado al final de esta larga pesquisa que me ha conducido, a través de los archivos, en París, en Saint-Denis de la Reunión, en Port Louis, hasta el fondo de la Ensenada de los Ingleses.

Camino a lo largo del valle del río Roseaux, hacia el estuario, hacia el mar que se ha hundido ya en la noche. A cada lado, los altos farallones de basalto son inquietantes murallas, y siento más todavía mi extrañamiento. Pronto, esta misma noche, a través de los desgarrones de las nubes, veré aparecer una vez más las estrellas, claras y fijas en el frío cielo. En ninguna parte me han parecido tener más sentido, trazando en el infinito el propio dibujo de los deseos y de todas las esperanzas, uniéndome a la mirada de mi abuelo más allá de la muerte. Quisiera ver todavía el navío *Argos*, tal vez desde lo alto del promontorio de la punta Venus, adonde acudían los primeros viajeros para observar el paso de Venus y escribir las tablas de navegación. Ahí está el final de todas las aventuras; inmovilizado en la eternidad, y Jasón es sin duda el único que encontró lo que buscaba, el oro de la inmortalidad.

Quiero, sin embargo, creer que mi abuelo tomó también parte de este tesoro. Está aquí, en el fondo de la Ensenada de los Ingleses, aquí descansa para siempre. Aquí y no en el lánguido mundo de Rose Hill o de Curepipe. Su sueño no ha muerto. Sencillamente se ha reunido con el sueño del basalto, de los vacoas, del viento que sopla del mar, de los pájaros. Está en el azul casi negro del océano, en el vidrioso brillo que parece venir de la albufera. Este sueño es lo que yo he deseado revivir, día tras día, pero estaba soñando ya en otro buscador de oro. ¿Dónde está, ahora, mi abuelo al que jamás conocí? Nada queda de él, salvo las palabras que escribió, o que he escrito, ya no lo sé. Las marcas, los hitos son sólo arañazos en los roquedales que el viento y la lluvia desgastan con rapidez. La quebrada se desmorona y pronto será sólo una cicatriz. El tamarindo bajo el que se sentó para fumar mientras observaba pasar los pájaros del ocaso es muy viejo ya, creo que no resistirá el próximo ciclón...